PIERO BIANCONI

DER STAMM-BAUM

Chronik einer Tessiner Familie

Nachwort von Renato Martinoni

Aus dem Italienischen
von Hannelise Hinderberger

Limmat Verlag
Zürich

Im Internet
› Informationen zu Autorinnen und Autoren
› Hinweise auf Veranstaltungen
› Links zu Rezensionen, Podcasts und Fernsehbeiträgen
› Schreiben Sie uns Ihre Meinung zu einem Buch
› Abonnieren Sie unsere Newsletter zu Veranstaltungen und Neuerscheinungen
www.limmatverlag.ch

Das *wandelbare Verlagsjahreslogo* auf Seite 1 zeigt staatliche, regionale und lokale Münzzeichen aus Indien aus dem 18. bis 20. Jahrhundert.

Umschlagbild: Holzschnitt von Giovanni Bianconi (1891–1981) aus *Kreuze und Kornleitern im Tessin* (1946)
Typographie und Umschlaggestaltung von Trix Krebs

Titel der Originalausgabe: *Albero genealogico*
© 2009 by Armando Dadò editore
Alle deutschen Rechte vorbehalten
© 2017 by Limmat Verlag, Zürich
ISBN 978-3-85791-801-8

INHALT

1	Gestern und morgen	19
2	Mergoscia	31
3	Aus den alten Papieren	43
4	Das Glück hat mir nicht gelacht. Aber nur immer Mut!	55
5	Barbarossa in Kalifornien	68
6	Barbarossa in der Heimat	94
7	Die Onkel in Kalifornien	110
8	Die Tante, die ins Kloster ging	143
9	Mein Vater	147
10	Meine Mutter	176
11	Confiteor	187
12	Nachwort	208
	Chronik und moralische Geologie *Renato Martinoni*	211

Maria Angela und Giacomo Rusconi,
Barbarossa genannt

Maria Angela, Margherita und Battista Rusconi

Giuseppe, Maria Orsola Campini, Mutter von Barbarossa,
Angelica und Gottardo Rusconi

Der Pass von Barbarossa aus dem Jahre 1867

Placerville il 17 luglio 1864

Carissima Madre e Moglia e figli

Sonno Cal presente a farvi sapere il
Stato di Salute Come ne spero in dio anche
di voi siamo arivatti in placerville il 15
luglio. Abiamo avutto un Buon viagio siamo
rivati in Sant. Francesco il giorno 13
tutti sanni e dispoti. da sant Francesco a
placerville gi è la distanza se miglia 150.
abiamo trovato li patriotti di primo Che abiamo
trovato Moricho evresza eso siamo andatti a trova
re li Campini. abiamo fatto una legria assiema
per in tanto non o ancora travaglio ma spero di trovarne presto. Quando che ricevette
il presente dattemi riscontro al piu presto che
pottete non stotte a lavorare tanto se idio ne
dara salute coi niutero piu presto. che sia possibil
Quando siamo rivati a S. Francesco o trovato il
Cugnato e altri patriati lui lavora nei giardini
La moriorgiola e restatta a sant Francesco ca
gi è anche la Sgabela ma non so sea trovato
posto di stare a sant Francesco abiamo scrito.
siu se volle venire a placerville gli o Corcato

Der erste Brief von Barbarossa, 17. Juli 1867

Anna und Maria Mansueta Rusconi

Gottardo, Giacomo und Anna Rusconi

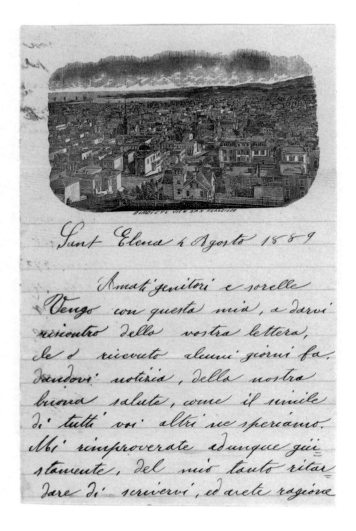

Sant Elena 4 Agosto 1889

Amati genitori e sorelle
Vengo con questa mia, a darvi
riscontro della vostra lettera,
ch'io ò ricevuto alcuni giorni fa.
Dandovi notizia, della nostra
buona salute, come il simile
di tutti voi altri ne speriamo.
Mi rimproverate dunque giu=
stamente, del mio tanto ritar=
dare di scrivervi, ed avete ragione

Brief von Angelica Rusconi, 4. August 1889

Giovanni Battista Rusconi jr. auf der Ranch von
James Campini in Placerville, Kalifornien

Quel contentement me seroit ce d'ouir ainsi quelqu'un qui me recitast les meurs, le visage, la contenance, les parolles communes et les fortunes de mes ancestres! Combien j'y serois attentif!

MONTAIGNE, *Essais*, II, 18

... dans toute la durée du temps de grandes lames de fond soulèvent, des profondeurs des âges, les mêmes colères, les mêmes tristesses, les mêmes bravoures, les mêmes manies à travers les générations superposées ...

M. PROUST, *Le Temps retrouvé*

1

GESTERN UND MORGEN

Juni 1965

Ich bin mit meinem Sohn, dem Geologen, in der Junihitze zum untern Verzascatal hinaufgestiegen. Die Talsperre ist fast beendet. Es herrscht intensiver Arbeitseifer und Werklärm. Antennen, Krane, Silos. Zement und zerkleinertes Berggestein bilden die grosse, gewalttätige Mauer, die das Tal absperrt. Auf dem tadellosen doppelten Bogen wimmelt es von Arbeitern wie von Ameisen. Mit dem Rauschen geölter Räder transportieren die Schiebekarren die letzten Betonladungen.

Wir gehen auf der Staumauer. Grauer Zement, aus dem da und dort Eisenstücke hervorragen. Sie bilden das Skelett dieses steinernen Organismus, der nicht tot und starr, sondern – wie mir Filippo erklärt – elastisch, vibrierend, kurz: lebendig ist. Es herrscht Weltuntergangsstimmung: ein rasend schnelles und doch geregeltes, fast ruhiges Hin und Her, das seinen eigenen Zauber hat. Von der mächtigen Mauer gestaut, steigt das Wasser und verschlingt ganz langsam abschüssige Böschungen, Felder und Ställe, überschwemmt eine Welt undenklicher, namenloser Mühsal, um Energie, Wärme und Licht hervorzubringen. Ich betrachte mit verwirrten, fast bestürzten Blicken dieses riesige Unternehmen. Mein Sohn Filippo sitzt auf der Erde und prüft mit erfahrenem Geologenauge die «Karotten», die aus den Eingeweiden des Berges herausgezogenen Bohrkerne. Er prüft ihre Dichtigkeit, die Kohärenz, den möglichen Widerstand, den das Werk dem ungeheuren Druck entgegensetzt. Er gehört dieser Welt an, die auf ihre Art verzaubernd ist, dieser Welt, die ich mit Misstrauen betrachte, einem Misstrauen, das gleichsam von Entsetzen durchzogen ist. Es ist eine Welt, weit entfernt von meinen Interessen, meinem Verständnis. Die Raumforschung und die Eroberung des Mondes berühren mich nicht sehr stark. Dies sind Dinge, denen ich eine vielleicht verblüffte, doch kühle, abstrakte Bewunderung zolle. Mir scheint, ich lese in den Blicken der Techniker und Arbeiter die Antwort auf mein Misstrauen; sie sind kalt, vielleicht ein bisschen ironisch.

Ich betrachte das gleichmütige Wasser, das immer höher steigt, die Wolken, die sich in den schmutzigen Fluten spiegeln, wie die fernen Häuser von Vogorno, jene Häuser, die stehenbleiben, und jene andern, die dazu verurteilt sind, zu verschwinden. Ein leiser Windhauch kräuselt die Oberfläche des Sees ein wenig und zersplittert die weissen Wolken, zerstreut sie wie auf einem impressionistischen Gemälde. Es heisst, es seien Millionen von Kubikmetern, ich weiss nicht, wie viele Millionen. Aber wenn ich mir überlege, dass ein Kubikmeter tausend Liter enthält und dass man mit einem Liter zehn redliche Gläser füllt – dann werden für mich, der ich nach Gläsern rechne, die Dinge verteufelt unverständlich, ich finde mich nicht mehr zurecht, ich fühle, wie mir schwindelt ...

Auf der alten Strasse, die morgen unter Wasser liegt, spaziere ich allein nach Vogorno weiter. Es werden dort bald nur noch Forellen schwimmen, vielleicht ein wenig betäubt von all dem Neuen. Ich bleibe jenseits des Wassers vor den einsamen Häusern von Tropino stehen; eine Handvoll Ställe, die von der Zeit und dem Elend schwarz geworden sind. (Einst aber war der Weiler bedeutend und dicht besiedelt. Er wird schon in einem Dokument aus dem Jahre 1411 erwähnt, in dem die Gemeinde Mergoscia einen Guillermuzetum ermächtigte, die Unterwerfung unter den Herzog von Savoyen zu vollziehen. In dem Dokument werden die Bewohner von Mergoscia von denen von Tropino unterschieden.) In einem jener Ställe, die sich im Wasser spiegeln, wurde vor mehr als einem Jahrhundert meine Mutter geboren. Ich weiss nicht, war es in dem jetzt noch unberührten oder in dem schon des Daches beraubten, oder in dem, den eben jetzt die Fluten bespülen. Und sie wurde dort unter Verhältnissen geboren, die man nicht zu schildern wagt, denn niemand würde einem glauben.

Die Häuser, die unter Wasser zu stehen kommen, wurden abgedeckt. Jene dreieckige Öffnung unter dem Dach fehlt nun. Man hat die Holzteile weggenommen, damit nicht grosse und kleine Balken auf dem Wasser herumschwimmen. Alles muss ständig gesäubert werden. Zwei Männer in einem Boot sammeln das schwimmende Holz, bringen es ans Ufer und verbrennen es. Eine hellblaue Rauchsäule steht in dem Licht, das durch die beiden einander gegenüber liegenden Abhänge vom See heraufdringt, vom richtigen See. Es ist nicht das langsame und eigentlich barmherzige Werk der Zeit, das wohl zerstört, aber doch auch geduldig die Wunden verbindet und sie vernarben lässt. Es ist die unbarmherzige Hand des Menschen, die den Dingen Gewalt antut und alles nach ihrem Willen zurechtbiegt, oder doch zurechtzubiegen versucht, und zwar mit ruhiger, gleichmütiger Heftigkeit. Hier erlebt man den Gegensatz zwischen den Leuten von gestern, die der kargen Erde einen elenden Unterhalt abrangen, jenes bisschen, das die Natur gewährt, und den heutigen Menschen, welche die Natur vergewaltigen, sie zu *dem* zurechtbiegen und zwingen, was die Natur nicht will. (Doch ab und zu lässt einen ein kleines Achselzucken der Natur nachdenklich werden ...)

Die wenigen übriggebliebenen Ställe sehen aus wie Tiere, die sich dort am Ufer des Wassers zum Trinken niederkauern. Wie ein erschrockenes Auge sperren sie das einzige weissumrandete Fensterchen im Grau der rauen Mauer auf. Sie sind die Denkmäler dessen, was die Welt meiner Vorfahren gewesen ist, die Trümmer des Stalls, wo vor mehr als einem Jahrhundert meine Mutter zur Welt kam. Ihre Mutter, meine Grossmutter, war allein. Niemand stand ihr in der Qual der Entbindung bei. (Und es war ihre erste Entbindung.) Um sich irgendwie zu ernähren, musste sie hinausgehen und eine Handvoll Gras ausraufen. (Es war Februar, und an jener Stelle ist es lau und mild.) Und sie musste das Gras kochen, um nicht Hungers zu sterben. Es ist, als sei das eine Geschichte unterentwickelter Völker (wie die Leute es denn auch tatsächlich waren), eine Erfindung der finstersten Romantik. Aber es ist nichts als die lauterste Wahrheit jenes Lebens, das ich mit einer Mischung aus

Mitleid und der Bitte um Abwendung des Elends betrachte. Es war ein entsetzliches Leben, hätte man nicht die Gewissheit gehabt, in den Himmel zu kommen. Doch auch diejenigen, welche diese Gewissheit nicht hatten, harrten zähe aus ...

Es ist ein Leben, von dem ich mich sehr weit entfernt fühle, von dem ich ausgeschlossen bin, wie ich auch ausgeschlossen bin von dem Leben, an dem Filippo heiter teilhat, während er dort auf der Erde sitzt und die «Karotten» prüft. Ich gehöre nicht mehr zur Welt meiner Vorfahren, und noch nicht zu der meines Sohnes. Ich bin vereinsamt zwischen einer jetzt fremd gewordenen Vergangenheit und einer Gegenwart, die für mich Zukunft ist, so dass für die Gegenwart, für meine Gegenwart, kein Platz mehr bleibt. Ich fühle mich allein, vereinzelt, schwebend zwischen zwei Lebensweisen, die zwar in der Zeit nebeneinander bestehen, die aber unendlich weit voneinander entfernt, durch Jahrtausende voneinander getrennt sind. Einerseits der vergebliche, einsame Schweiss auf der elendiglichen Erde und andererseits die Gewalttätigkeit der Energie, die aus dem Beharrungsvermögen des Wassers gewonnen wird. Ich frage mich, zu welcher Welt ich nun eigentlich gehöre, an welcher Welt ich teilhabe, so ohne Verbindung mit der Vergangenheit und ohne Brücken in die Zukunft.

Das Elend des damaligen Lebens! Die immerwährende Knappheit, der tägliche Hunger, der in kargen Jahren an Unterernährung grenzte! Und eine Art Grausamkeit, welche die Leute zwang, auch auf das wenige Mögliche zu verzichten und ohne dies auszukommen, zu sparen, weil man sich eine noch trostlosere Zukunft vorstellte. Einer meiner Verwandten sagte, er habe als Knabe den Geschmack aller möglichen Kräuter gekannt; mit Ausnahme derjenigen, die hart waren wie Fischgräte, habe er sie alle gegessen. Meine Tante Paolina hatte ihren ersten Bissen Weissbrot erst mit zwanzig Jahren gekostet. Und sie erzählte, wie sie Nüsse aufbrachen (um Öl daraus zu gewinnen für ein Lämpchen, bei dessen Schein man an langen Winterabenden ununterbrochen spann), und erkühnte sie sich dabei, ein Stückchen Nusskern in den Mund zu stecken, da hörte sie sagen: «Iss, iss, dann stecken wir dir diesen Winter den Docht ins Gesäss!» Und ich habe schon anderswo erwähnt, wie eine Frau die vor Hunger weinenden Kinder tröstete: «Weint nicht, Kinder, gestern haben wir droben in Fossei Erdäpfel gesteckt: *Om a metù i tòten su in Foséi ...*»

Sie haben den Wald abgeholzt, haben jeden Strauch weggeschnitten, der steile Abhang ist ganz kahl. Auch die Reben haben sie bis zur Höhe, die das Wasser erreichen soll, ausgestockt. Übrig geblieben sind die von Mäuerchen gestützten nackten kleinen Felder, über die unschuldiges Gras wächst. Aber niemand wird dieses Gras mehr mähen, keine Wöchnerin wird mehr auf allen vieren herauskriechen, um jene Handvoll Gras auszuraufen, das sie kochen muss, um nicht Hungers zu sterben.

Über dem Wasserstand werfen die Reblauben noch Schatten. Man sieht die kräftigen blauen Schosse (sie sind schon mit Grünspan gespritzt worden), und sie schaukeln im leichten Wind. Und auch droben auf der steilen Anhöhe, wo der Wald noch Raum lässt, sieht man

Rebland. Und zwischen jenen Kastanien steht eine Kapelle (ich sehe sie nicht, aber ich weiss, dass sie dort steht), die den Namen meiner Vorfahren trägt und die naiven Gestalten der Heiligen, die ihnen jenes elende Dasein ertragen halfen.

Zwischen dem Brombeergesträuch flitzt vielleicht eine Smaragdeidechse oder eine Viper, grau auf grauer Erde, und dehnt sich träge an der Sonne auf dem Trockenmäuerchen. Man sieht niemanden, nicht eine Seele zwischen den Ställen, wo der Holunder die weissen Flecken seiner Schirmchen ausbreitet. Alles schweigt. Nur ab und zu hört man ein kreischendes Geräusch (sie fällen die Bäume mit jenen Motorsägen, die so grell tönen), und das rhythmische Schluchzen eines verspäteten Kuckucks. Und wenn man die Ohren spitzt, hört man das ferne Getöse der Arbeit am Staudamm, jener hellen Mauer dort unten. In der Höhe segeln am Junihimmel weisse Wolken schweigend dahin. Und schweigend steigt auch das mitleidlose Wasser. Es überflutet, tilgt und verschlingt alles, das leere Gehäuse der Schnecke, die Schlangenhaut und den Stall, wo, verlassener und einsamer als die Muttergottes, vor mehr als einem Jahrhundert meine Grossmutter meine Mutter zur Welt brachte.

Meine Mutter, die als Kind von dieser armseligen Behausung leichtfüssig in die finstern Schluchten des Flusses hinaufstieg. Sie ging im Dorf zur Schule, und in der Tasche hatte sie eine Handvoll Kastanien. Das war ihr ganzes Mittagessen. Sie konnte in der kurzen Mittagspause nicht hinunter- und wieder hinaufsteigen. Wenn ich an sie denke, kommt mir ein Gedanke, der mir oft und immer wieder im Kopf herumgeht: Es liegt mehr tatsächlicher Abstand zwischen der Kindheit und dem Alter meiner Mutter als zwischen ihr, da sie ein Kind war, und den Höhlenmenschen. Zwischen der Art, mit der sie damals Feuer machte, und der Art, in der sie sich in ihren letzten Jahren den Kaffee wärmte. Wenn der Herd erloschen war, trat meine Mutter unter die Tür der Hütte und spähte hinunter nach der gestuften Reihe der mit Steinplatten gedeckten Dächer, die silbern glänzten oder in reinem Weiss, wenn Schnee lag. Sie spähte hinunter, um ein Dach zu entdecken, das rauchte (Kamine gab es in jenen urtümlichen Häusern nicht, der Rauch zog durchs Dach ab oder durch die Türe). Dann nahm sie einen Ginsterzweig, lief die steilen Stufen der Treppen und Stiegen hinunter zu dem rauchenden Haus, bat um die Erlaubnis, legte ein paar glühende Kohlen auf den Ginsterzweig, lief wieder die steilen Treppen und Stiegen hinauf, legte den Ginster in den Herd, blies darüber hin und weckte die Flamme. So bekam sie Feuer, ohne ein Streichholz zu verbrauchen, ein blitzendes Schwefelhölzchen, wie mein Grossvater selig sagte, denn auch diese musste man sparen. Als alte Frau brauchte meine Mutter nur am elektrischen Schalter zu drehen, damit die Minestra zum Abendessen kochte.

Sie erinnerte sich, dass sie als junges Mädchen eine Ladung Wein von Ascona nach Mergoscia tragen musste (wo ein Don Abbondio von dort unten Pfarrer war), und das für einen halben Franken. Und für das gleiche Geld trug sie ein Zicklein auf dem Arm bis nach Locarno. An solche Sachen erinnert man sich, um sie den Nachfahren wie Reliquien zu hinterlassen, damit diese wissen, wie das Leben damals war und wie hart es zuging. Solche Dinge habe ich nicht mehr erfahren, ich kenne sie nur vom Hörensagen. Aber sie kennzeichnen den rasenden Lauf der Zeit, der immer rascher, immer schwindelerregender wird, und lassen einen die Veränderung spüren, die sich in geometrischer Progression vollzieht. Und gerade deshalb nennt man sie Fortschritt.

Deshalb fühle ich mich desorientiert, verloren zwischen der Erinnerung an eine noch zu nahe, fast noch blutende Vergangenheit und einer gegenwärtigen Wirklichkeit, die schwer anzunehmen ist, weil sie allzu unvorhergesehen und anders ist, einer Gegenwart, in der mein Sohn, meine Söhne, sich äusserst wohl fühlen.

An einem Sonntag im Juli steige ich mit Lorenzo nach Mondacce hinauf. Man hört das rasche rhythmische Sensendengeln, *marlà*. Ich frage ihn, was für ein Ton das sei. Er weiss es nicht, vielleicht ist es ein Steinmetz, vielleicht einer, der Nägel einschlägt, wer weiss ... Er kennt jenen so typisch sommerlichen Ton nicht mehr. Für uns ist es wie das Zirpen der Zikaden in wärmeren Ländern, dieses nachhaltige Klopfen, leicht und rasch und auf seine Art wohlklingend, eindringlich in dem grossen Licht. Wie rasch das Leben seine Zeichen auslöscht, wie es sich erneuert und die Bedingungen verändert! Aber so wie Lorenzo jenen sommerlichen Klang nicht mehr kennt, so kenne ich mich nicht aus in Dingen, die ihm vertraut sind. Das steigert das Gefühl der Einsamkeit, der Vereinzelung in jedem von uns. Die Alten stehen auf der einen Seite, und die Jungen auf der andern. Wände, Abdichtungen, unübersteigbare, trennen sie.

Deshalb bin ich darauf bedacht, Erinnerungen wieder aufzuspüren, alle möglichen Erinnerungen, selbst kleine, selbst winzige, die mir helfen sollen, rückwärtszugehen (wie eine Spur, wie die weissen Steinchen des Däumlings, die ihn nach Hause zurückführten), um die Wurzeln meiner selbst wiederzufinden, um mich endlich zu erkennen und mich in meinem verwirrten Dasein zu begreifen.

Ich muss wieder einmal nach Mergoscia hinaufwandern (von hier aus erkennt man nur die Spitze des Kirchturms, der zwischen den Kastanien hervorlugt und der einst die amerikanische Flagge trug, *stripes and stars*), um mir die vielen, nach Übersee Ausgewanderten in Erinnerung zu rufen. Um Mergoscia richtig zu sehen, muss man auf seiner Strasse hinaufgehen, auf der Strasse, die nur und ganz ihm gehört und auf dem ländlichen Platz vor der Kirche aufhört. Von der Strasse aus erscheint das Dorf ganz ausgebreitet, in seinen verstreuten Teilen, mit seinen einzeln stehenden Häusern. Es ist ein ganzer Ameisenhaufen von Häusern und Ställen, aufgefächert und ausgelegt wie ein graues, weiss gesprenkeltes Linnen auf den Schultern des Berges. Ein Ameisenhaufen von Häusern, Häuschen, Loggien und Altanen und Fensterchen, die neugierig weissumrandet aus dem rauen Grau der Trockenmauern herausschauen. Es ist ein neugieriges Dorf und sonderbar mit Augen besetzt, man fühlt sich beinah verlegen unter so viel Augen. Und zwischen den einzelnen Teilen die unendliche Geduld der Mäuerchen, die wenige Spannen karger Erde stützen, und die parallelen Reihen der kleinen Sackgassen, wie biegsame emsige Höhenlinien (allerdings setzen jetzt etliche Neubauten Flecken geweisselter Mauern und roter Ziegel ins untadelige Grau von einst. Man bekommt Lust, die Augen zu schliessen, damit das alte Bild nicht gestört wird, das sich dem Gedächtnis auf vertraute Weise eingeprägt hat).

So sieht man Mergoscia, wenn man auf der Strasse steht, rechts vom Mühlbach. Ist man aber erst einmal dort oben angekommen – zwischen dem Gasthaus, dem Gemeindehaus, dem Beinhaus und der Kirche –, dann atmet man einen grossen Frieden. Es ist, als stünde man auf einem sonnigen Balkon. Kaum ist man um die Kirche herumgegangen, die, wie auch das Beinhaus, von Grabsteinen übersät ist, kommen wir zum Kirchhof, wo meine Vorfahren in Frieden schlafen, die Alten, die ich auf der dünnen Spur der Erinnerung wiederzufinden suche.

Monsignore Feliciano Ninguarda, Bischof von Como, bemerkte bei seinem pastoralen Besuch (1591), dass das Dorf hundert Herde zählte, «und sie sind reich, doch bei all dem haben sie keinen Pfarrer und keinen Kaplan». Im Jahre 1790 zählte Mergoscia 752 Einwohner. Jetzt erreicht die Bevölkerung mit Müh und Not 120. Allerdings bevölkert sich das Dorf langsam wieder, besonders im Sommer, aber meist sind es Deutschschweizer, welche die leeren Häuser bewohnen. Sie modernisieren sie, sie kommen herauf, um die Sonne zu geniessen. Sie antworten auf den Ruf der Leere, sie nehmen überhand. Man sagt mir, vor einigen Jahren sei die Erstaugustrede auf der Piazza in deutscher Sprache gehalten worden. Zwei Schritte von den Häusern im «Benitt» entfernt, mahnt eine Tafel in deutscher und französischer Sprache: «Abfälle wegwerfen verboten» («Dépôt de déchets interdit»). Das klingt, optimistisch betrachtet, nach einer Einladung, unsere Landessprachen zu lernen. Wenn es nicht eher eine Beleidigung für die verschwundenen Einheimischen ist ...

Es gibt keinen Pfarrer mehr. Und der Lehrer der wenigen Knaben ist ein Süditaliener, aus Caltagirone oder Catanzaro soll er herstammen. Und das ist der, fast möchte man sagen sinnbildliche, Zustand vieler, allzu vieler unter den Dörfern unseres Tals. Wenn das so weitergeht, werden wir uns innert kurzem nicht mehr daheim fühlen, sondern im Exil zwischen Deutschen und Süditalienern. Wie grausam unbeheimatet mussten sich die Bewohner von Mergoscia vorkommen, die einst auf den Strassen der Welt sich zurechtfinden mussten, unwissend in allem, besonders in der fremden Sprache, eingemauert in ihre gedemütigte Einsamkeit.

2

MERGOSCIA

März 1966

Ich bin nach Mergoscia hinaufgestiegen, denn mich verlangte darnach, etwas aus der Vergangenheit wiederzufinden; nicht nur Erinnerungen an mich als Knaben, der ich ab und zu ein paar Wochen dort oben verbrachte, und der ich oft hinging, um die Grosseltern und die Onkels zu besuchen. Jetzt aber finde ich mich zwischen den Häusern des hochgelegenen Weilers, im «Benitt», wo meine Vorfahren lebten und von wo meine Eltern herkamen, nicht mehr zurecht. Von den Leuten, die ich dort kannte, blieben kaum zehn Personen übrig, und sie bieten keine Gewähr für Nachkommenschaft. Die Feuerstellen in den Häusern sind dazu bestimmt, zu verlöschen. Zwischen den verlassenen Häusern ohne Dächer, die Mauern sind oft gut gebaut, aber sie stürzen trotzdem entmutigt ein, zwischen jenem strengen Grau des Steins und den Schornsteinen, die seit Jahrzehnten nicht mehr rauchen, steht ab und zu ein wieder aufgebautes oder auch ein ganz neues Haus, und zwischen dem abgestuften Silbergrau der Steinplatten sind rote Flecken von Ziegeln zu sehen. Von dieser Handvoll Häuser, sagt man mir, sind gut fünfzehn im Besitz von

Deutschschweizern, die hier ihre Ferien verbringen; ja einige wohnen sogar dauernd hier.

Es ist März. In einem dunkeln und feuchten Durchgang zwischen den Häusern blüht Seidelbast, ein schmächtiges Zweiglein mit seinem lieblichen Duft. Draussen in den abschüssigen Wiesen steigen hellblaue Rauchsäulen auf. Man hört niemanden, nur das Aufflattern eines Vogels. An einigen Stellen erkenne ich noch die abgewetzten Steine, geglättet von unendlich vielen Schritten; jenen bläulichen, weiss geäderten, und die Treppenstufe, die unter dem Fuss wackelt wie vor sechzig Jahren. Und das hier sind die Stufen, auf denen die genagelten Schuhe des Grossvaters erklangen, worauf denen im Haus die Worte im Mund erstarben. Ich finde tausend Dinge wieder, aber das Bild von einst finde ich nicht mehr. Das Weiss des Verputzes blendet im sonnigen Hof des Grossvaters Rusconi und verjagt die dünnen Schatten der vielen Toten. Alles ist viel zu sauber. Und auch der Geruch ist derjenige fremder Leute. Es bleibt nur das naive Fresko auf der Mauer, die Mutter Gottes, die den toten Sohn im Schoss hält und die einst einer meiner Vorfahren im 18. Jahrhundert malen liess.

Ich stehe da und suche ein Zeichen aus früheren Zeiten, einen Hinweis, der mir die erschreckende Last der Vererbung erklärte, diesen Wirrwarr aus Müdigkeit und Kraft, aus Kühnheit und Zaghaftigkeit, aus Bosheit und untätiger Güte, die mein Wesen ausmachen. Ich suche etwas, das mir erklärte, weshalb ich auf den Schultern so etwas wie eine unendliche, auf der Spitze stehende Pyramide von Menschen zu tragen meine: Eltern, Grosseltern, Urgrosseltern, Vorfahren ohne Antlitz, eine ganze anonyme Masse. Und weshalb ich ein erdrückendes Gewicht verspüre, körperliche und geistige Lasten, lang vergangene Falten und Wunden, die ich nicht beseitigen kann. Es ist ein Eindruck, der mit den Jahren immer stärker wird. Die oberflächlichen Anwandlungen, der dünne Firnis der Erziehung und Erfahrung, die weniger wesentlich sind, als man glauben möchte, verschwinden. Etwas Tieferes und Wahreres enthüllt sich. Eine geheime Schichtenbildung, fast so etwas wie eine moralische Geologie, kommt zum Vorschein. Wiederum müssen Schmerzen erlitten werden, die unheilbar bleiben, weil sie alt und anonym sind, und ebenso Demütigungen, Leiden und Mühsale. Wiederum müssen die Knochen alle Müdigkeiten der Ahnen erfahren. Und es gibt keine Ruhe, die sie stillen könnte. Sie sind im Blut, zuinnerst im Fleisch.

In den Häusern der Bianconi, der Grosseltern väterlicherseits, ist nichts mehr vorhanden, weder Papiere noch irgendein anderer Hinweis oder ein Schriftstück. Die Häuser sind veräussert worden. Alles ist zerstört. Die wenigen Papiere wurden von fremden Händen dem Feuer überantwortet.

Als Knaben gingen wir oft unsere Tante Nina besuchen, die dort allein lebte. Sie war klein, ein wenig verkrümmt, wachsgelb und hatte einen einzigen grossen blanken Zahn im Mund. Sie allein war übrig geblieben, um den Herd zu hüten. Über dem Feuer stand andauernd der bronzene Kaffeetopf. Und dort flüsterte sie ihre *Requiem eterna* und ihre Gebete für die Lebenden und Toten und räusperte sich und spann dabei – arm und gütig wie sie war – ihren Rocken leer. Sie erzählte, als ihre Mutter (die Grossmutter Mariorsola, wir nannten sie Mammarìa, und ein Bildnis von ihr hält meine Erinnerung an sie wach) im Sterben lag, hätte sie sie gebeten, ihr eine Erinnerung zurückzulassen, ein Wort, einen Ratschlag, eine Lebensregel. «Tu allen Leuten Gutes!», sagte die Grossmutter zu ihr. Und nach einer Weile, als sie sie nochmals um dasselbe bat, erhielt sie die gleiche Antwort: «Tu allen Leuten Gutes!» Und das tat sie denn auch immer. Selber arm und elend, fand sie Mittel und Wege, denen, die noch elender waren, mit ihrer stets kräftigen Mildtätigkeit zu helfen: mit einer Schüssel voll Minestra, ein wenig Brot, einem guten Wort. Sie hatte sich, wer weiss unter wie viel Entbehrungen, dreissig Franken gespart, drei halbe Taler, um sich ein Kleid schneidern zu können. Dann aber gab sie sie dem Pfarrer, damit er sie nach Indien sende und den Hunger der Ärmsten dort drüben stille ...

Sie trug noch die alte Tracht, den Rock und die Schürze dicht unter der Brust gegürtet, und das kurze Mieder, das sich über dem Weiss des aus Hanf gesponnenen Hemdes öffnete. Sie war Asthmatikerin und verbrachte ganze Sommernächte unter einem grossen Birnbaum neben dem Haus. Immer empfing sie uns voller Freude, immer hatte sie einen Apfel, eine Birne oder eine Handvoll gerösteter Kastanien für uns bereit. Sie wunderte sich nie, wenn sie uns unversehens kommen sah: «Ich wusste, dass jemand kommen würde; heute Morgen hat das Feuer gepustet!» Dort neben dem Feuer kauerte sie und hörte ihm zu und deutete es. Auch sprach sie mit den Toten und den weit entfernt Lebenden, mit den

Brüdern, die sich dann und wann ihrer erinnerten. Mein Vater hielt ihr immer ein kleines Fässchen voll Wein bereit. Sie starb im Jahre 1922, als sie 68 Jahre alt war.

Auch vom Grossvater Francesco Bianconi, dem *Pà Cecc,* gibt es eine vergrösserte Fotografie. Eine andere Erinnerung habe ich nicht an ihn. Er starb im Jahre 1904, als ich fünf Jahre alt war. Er war 84 Jahre alt geworden. Es ist in unserer Familie zur Gewohnheit, ja, fast zur streng eingehaltenen Tradition geworden, sich spät zu verheiraten. Das dehnt und verlängert die Intervalle zwischen den Generationen und schafft erschreckend grosse Abstände ... Aus dem Bildnis schaut mich ein schönes, klares, heiteres Gesicht an; der Mund ist ein bisschen ironisch, die Stirn ist hoch, und das Haar fällt lang zu beiden Seiten des Kopfes herab. Auch er hatte versucht, das Glück zu erproben, aber es war ihm nicht gelungen. Er hatte sich nach Australien eingeschifft, doch war er eiligst wieder zurückgekehrt, vielleicht sogar auf demselben Segelschiff, und hatte somit nichts nach Hause gebracht als die Schulden für die Reisespesen, die Musse langer Monate auf dem Meer und die verlorene Zeit.

Er war ein scheuer und sanfter Mensch. Als Scherenschleifer zog er durchs Land, besonders durch die Täler bei Lugano, wo bis vor einigen Jahren die Alten sich seiner noch erinnerten. Mit seinem Schleifrad schlief er in den Heuschobern und sparte sich alles vom Munde ab, um die Familie durchzubringen: jeden Becher Wein, jeden Bissen, der nicht unumgänglich nötig war. Als er dem Haus ein paar kleine Kämmerchen anbauen lassen musste, weil die Kinderzahl wuchs, mass er die Höhe der

Türe und des Küchenplafonds an seiner Gestalt. Er war ein sehr kleines Männchen, und so musste man sich, wenn man eintrat, bücken, und auch drinnen konnte man nur zwischen den Deckenbalken aufrecht stehen. Aber der Tante Nina ging es dort gut, denn auch sie war klein und von den Jahren und Krankheiten bucklig geworden. Der Grossvater Bianconi war ein weiser Mann, er beschied sich mit dem wenigen, das er besass, oder war sogar zufrieden mit nichts. Er mass alles an seiner klösterlichen Genügsamkeit. Er passte den Schritt seinen Beinen an oder nahm ihn sogar noch ein bisschen kürzer, als die Beine es waren. (Was sicher nicht die beste Art ist, die Beine länger werden zu lassen.) An dieser niedern Tür kann man ein Lebensprogramm ablesen, ein fast horazisches Lebensbekenntnis, einen Sinn fürs Masshalten, der vielleicht nicht möglich ist ohne ein bisschen Egoismus. (Diese Tugend ist bei den Nachfahren nicht ganz verloren gegangen. Mein Vater hat sie geerbt und sein ganzes Leben lang wert gehalten ...)

Aus dieser Tür sind mein Vater und zwei seiner Brüder herausgetreten, um nach Amerika auszuwandern. Nur der jüngste Bruder, Pietro – er soll sehr intelligent gewesen sein –, ist Lehrer geworden und zu Hause geblieben.

Aber nicht einmal von Onkel Pietro ist etwas auf uns gekommen. Nur durch Zufall ist es mir gelungen, ein schmales Heft mit der Reinschrift italienischer Aufsätze aus dem Jahre 1879/80 ausfindig zu machen. Ferner sein Lehrerdiplom vom 24. Juni 1883, das vom Direktor F. Antognini und vom Staatsrat Marino Pedrazzini unterzeichnet ist. Ein schönes Lehrpatent mit lauter Zehnern (ein Vorwort erklärt: «Die Note zehn entspricht den besten Leistungen»), und nur einer Neun (beinah höchste Leistung) in Kalligrafie und im Singen. Fürs Turnen hat er keine Note erhalten. Es heisst, er sei als Knabe von einem bösen Hund erschreckt worden; davon war er ungelenk und ein wenig bucklig geworden. Jener Rektor Antognini hatte die Brüste der Caritas, die sie ihrem Tugendamt gemäss im Refektorium des Franziskanerklosters, das zum Lehrerzimmer geworden war, einem nackten Knäblein reichte, prüde verschleiern lassen. Dieser unbedeutende Vorfall kennzeichnet das Klima der Schule, wie man es in den Aufsätzen Onkel Pietros wiederfindet. Sie sind von einer rhetorischen Unaufrichtigkeit, die einen ärgert und zugleich zum Lächeln reizt; eitle Wortspielereien. Doch bei einem der ersten Aufsätze, mit dem Titel «Stellt euch die Aufgabe, einen eurer Verwandten oder Freunde über die wenigen bisher verbrachten Schultage zu unterrichten, und fügt irgendeinen weiteren Bericht hinzu, den ihr als passend erachtet» muss man bedenken, dass mein Onkel damals fünfzehnjährig und eben erst aus seinem Bergdorf heruntergekommen war; dort liest man nämlich ein paar Sätze, die aufrichtig klingen: «Ich tue hiermit kund, dass ich dieses Jahr hier in Locarno ins kantonale Gymnasium aufgenommen wurde. Ich überlasse es dir, dir vorzustellen, wie sehr ich mich am Anfang schämte, denn keiner kannte mich, und alle schauten mich an, und ich war sehr verwirrt, als ich mich so von all den Schülern umgeben sah und keinen einzigen kannte! Dennoch fasste ich Mut und antwortete, so gut ich es konnte, auf die Fragen des Herrn Professor. Jetzt aber kenne ich meine Gefährten schon ... Wir sind etwas mehr als zwanzig Schüler und haben drei Stunden Schule im Tag.»

Daraus spürt man so recht die Empfindung der Scham und der Demütigung des wer weiss wie gekleideten Knaben, der darüber hinaus auch körperlich ungelenk war und mitten unter den kühnen Gefährten stand. Doch drei Jahre später war er der Tüchtigste von allen.

Er war nur ein Jahr lang Lehrer, ich glaube in Cugnasco. Dann starb er zwanzigjährig, im Jahre 1884.

Wenn sich im Haus der Bianconi nichts mehr finden lässt, so ist glücklicherweise im Haus der Grosseltern mütterlicherseits, bei den Rusconi, manches erhalten geblieben. Es waren dies weniger armselig lebende Leute und sie waren der Erde fester verhaftet. In der sonnigen Loggia, wo wir nicht lasen, nein, nur die Bilder in den Zeitungen anschauten, die der Onkel Gottardo aus Kalifornien erhielt, die bunten *cartoons* mit den Karikaturen, die wir dann auf den Seiten des «Corriere dei Piccoli» wiederfanden, Happy Hooligan, verwandelt in Fortunello, dort war eine Truhe erhalten geblieben, ein Schrein mit alten Papieren. Es waren notariell beglaubigte Dokumente, Verträge, Empfangsbestätigungen, aber vor allem Briefe, viele Briefe aus Australien und Amerika. Die Briefe der Auswanderer und oft sogar auch die Briefe von zu Hause, die der Ausgewanderte ehrfürchtig zurückgebracht hatte, als er heimkehrte. Kurz, ein ganzes Familienarchiv. Alte vergilbte Papiere voller Wasserflecken (und die Kopiertinte bringt Effekte zustande, wie sie der Tachismus bevorzugt). Regengüsse hatten die Truhe manchmal durchnässt, doch glücklicherweise war sie von Mäusen verschont geblieben. Diese Papiere sind uns erhalten. Nicht, dass sie ganz unbekannt gewesen wären. Irgendjemand hat vor mir schon den kleinen Schrein durchstöbert – nicht mit eitel Neugier bewehrt wie ich, sondern mit einer nützlichen Schere – und hat alle Briefmarken akkurat herausgeschnitten, sich um das Geschriebene aber nicht gekümmert. Dieses besass keinen Handelswert. Und ausserdem war es ein Ergebnis der Traurigkeit, voll vom Geruch der Einsamkeit und der Mühsal.

Es ist typisch für die weniger Armen unter den Armen, dass sie hartnäckig alles beiseitelegen und nichts, aber auch gar nichts fortwerfen, nicht einmal einen verrosteten Nagel. Alles könnte noch einmal zu etwas dienen, man kann nie wissen ... Leute, welche in der Bedrängnis leben, bewahren nichts auf. Sie können nur das dringend Notwendige behalten. Sie leben ein Dasein, das keine Schichtenbildung erlaubt. Es sind Menschen ohne Geschichte, sie werden sogleich ausgelöscht. Während die knauserige Ehrfurcht, welche Papiere und Briefe aufbewahrte, mir gestattet, die Vergangenheit ein wenig abzuschreiten, in der Zeit zu graben, eine Gestalt oder eine Tat meiner Vorfahren wieder aufzufinden, aus ihrem mühevollen Dasein ein paar Fragmente zu rekonstruieren. Kurz – Geschichte zu schreiben.

Die Geschichte armer Leute, welche durch die Welt zogen, mit nichts anderem bewehrt als ihren Armen, lauter Tagelöhner am Anfang, dazu verurteilt, den Esel zu spielen, wie der Grossvater Barbarossa schreibt, und sich mit elenden Löhnen zu begnügen. Sie kannten die Sprache des fremden Landes nicht und waren in ihre blasse, schweigsame Mühsal eingemauert. Es sind magere Briefe, gewöhnlich wenig mehr als ein Gestammel, und sie kamen selten ins Haus, wo sie gierig erwartet wurden. Manchmal lagen Jahre des Schweigens dazwischen. Sie beginnen alle mit dem stereotypen Anfang, der unverändert blieb und eigentlich sinnlos war: «Ich gebe euch Nachricht von meiner guten und erfreulichen Gesundheit und hoffe zu Gott, dass auch ihr gesund seid.» Es muss eine Formel gewesen sein, die sie in der Schule gelernt hatten, wer kann sagen, wie man dieses «erfreulich» erklären soll. Denn wenige Zeilen weiter unten sprechen sie von elendiglicher Gesundheit, von Krankheiten ...

Man spürt die Behinderung der Hand, die nicht an die Feder, sondern an die Spitzhacke gewöhnt war, und die Schwielen trug vom Melken der Kühe, unendlich vieler Kühe. (Und ich erwerbe mir hier Schwielen an den Fingern, indem ich die Tasten der Schreibmaschine betätige ...) Oft besassen sie nicht einmal die materielle Möglichkeit zu schreiben. Sie lebten draussen an abgelegenen Orten, in weit entlegenen «Ranches». Doch nur selten sprechen sie von der Mühsal, von dem langen Arbeitstag, der begann, wenn die Sterne verblichen und mit dem Auftauchen der Sterne endete, oder von den Demütigungen, von der Einsamkeit; denn sie waren nicht fähig, sich mitzuteilen, oder mochten vielleicht auch die Lieben zu Hause nicht beunruhigen. Sie sprechen vom Wetter, diesem fundamentalen Thema, dieser immerwährenden Sorge, vom Wetter, welches die guten oder schlechten Ernten bestimmt. Von Monaten eintönigen Lebens, von endloser Trockenheit, von aussergеwöhnlicher Kälte und so weiter. Sie sprechen von ihren Landsleuten, von den Patriotti, die sie ab und zu treffen, von irgendeiner frohen Stunde, die sie gemeinsam verbringen, von jemandem, der – angelockt von dem fernen Schimmer des Goldes – herüberkommt (und immerzu kamen welche herüber), und der Nachrichten bringt von zu Hause; von einem Gefährten, der zufrieden oder enttäuscht abreist und von der ewigen Sorge ums Geld, von – verglichen mit der Mühe – mageren Löhnen. Und wenn sie zu Anfang ein paar Batzen zusammensparten, geschah es, weil sie rein nichts ausgaben, weil sie sich bis zum Letzten mit wenig begnügten, um die Reiseschuld abzahlen zu können. Die Summe wurde ihnen gewöhnlich von der Gemeinde vorgestreckt. Und um etwas nach Hause schicken zu können, damit die Zurückgebliebenen fröhlich seien. Oft beklagen sie sich über fehlende Arbeit, über elende Jahre, in denen sie keinen Rappen beiseitelegen können. Es sind Briefe, die sich um wirtschaftliche Fragen drehen. Aber nie erklingt ein Aufschrei der Empörung oder eine Verwünschung. Es ist die stumme Hartnäckigkeit der Ameise: schweigen und büffeln. Nie ein Jammern, ausser über die ersten Zeiten, weil sie die Sprache nicht können, was sie inmitten der Leute grausam isoliert. Ein Einziger, den ich kenne, gab der Verzweiflung Ausdruck, er begann zu trinken. Er sagte, er habe so viel Whisky getrunken, «dass man damit einen ganzen Monat lang eine Mühle hätte treiben können». Aber er zog sich recht gut aus der Schlinge und kehrte in die Heimat zurück. Und als er, noch nicht alt zwar, aber doch recht gesetzt geworden war, trank er nur noch den herben heimatlichen Wein.

Denn man muss sagen: Wenn sie erst einmal wieder zu Hause waren, liessen sie sich, auch wenn sie ein paar Batzen in der Tasche hatten, rasch von dem einstigen Leben wieder einfangen und begannen zu schuften und zu schwitzen wie früher. Schnell nahmen sie die einstigen Gewohnheiten wieder an und taten nichts, um das frühere Leben ein bisschen zu verbessern. Doch machten sie sich Luft, indem sie die Länder «dort drüben» in den Himmel lobten, als wären diese ein verlorenes Paradies ... Öfters kauften sie sich auch ein kleines Gütchen, einen Weinberg und ein Haus, draussen in Minusio oder in Tenero, wie dies der Grossvater Rusconi ungeachtet seiner andern Güter tat, und auch, und zwar endgültig, mein Vater.

3

AUS DEN ALTEN
PAPIEREN

Die älteste Persönlichkeit, die aus diesen alten, manchmal schwer leserlichen Papieren (Verträgen, Bekenntnissen, Inventaren und Dokumenten) deutlich wird, ist Francesco Rusconi, der Sohn des Giacomo, der im Jahre 1769 Angiola Maria, die einzige Tochter des Giacomo Antonio Biancone, heiratete. Dies geht aus dem Vertrag hervor, der in Locarno vom Notar Antonio Felice Rusca aufgesetzt wurde, «in meinem Notariatsbüro unterschrieben», und zwar im Beisein von zwei Metzgern, von zwei anderen Zeugen und zuvor von Valerio Baciocco als Vertreter des Kommissars Schmid aus Schaffhausen. In diesem Dokument bestimmt Biancone als Mitgift für seine Tochter fünfzig Locarneser-Taler, und dazu die «Aussteuer, die zum Gebrauch und zur landläufigen Anwendung passt», und ernannte sie (falls er keine weiteren Kinder mehr bekomme, wie es dann auch tatsächlich der Fall war), zu seiner Gesamterbin. Er verpflichtete dabei die Neuvermählten und ihre Nachkommen dazu, in alle Zukunft «den Herd des genannten Biancone zu erhalten» und sich seines Hauses zu erfreuen, das niemals weder mit Hypotheken belastet noch verkauft werden durfte. Und so blieb es fast zwei Jahrhunderte lang. Die Rusconi liessen sich im Haus des Iacomo Antonio Biancone nieder. Noch heute kann man seine Initialen auf einer naiven «Pietà» erblicken, die, als Fresko mit der Jahreszahl 1756 versehen, die Mauer ziert. Dieselben Buchstaben I. A. B. stehen auch am untern Rand des kleinen Fensters daneben. Allein, schliesslich wurde der hartnäckige Wille des alten Bianconi nicht mehr respektiert. Das Haus (das für uns immer dasjenige der Grosseltern Rusconi blieb) ging wieder in den Besitz eines Bianconi über und gelangte am Ende gar in die Hände von Deutschschweizern, die alles gesäubert, übertüncht und lackiert haben. Man findet dort jetzt nichts mehr wieder, ausser der Sonne im offenen Hof und auf dem Pfeiler der Loggia die Inschrift: «1888, am 26. Februar, Schneehöhe 2.20 m.» Doch die Schatten der Alten sind nunmehr verschwunden.

Jener Iacomo Antonio Biancone sah somit sein Geschlecht erlöschen. Er muss reich gewesen sein. Sicherlich stammte er von einem andern Zweig als dem unseres Grossvaters väterlicherseits; denn diese Familie war arm wie Kirchenmäuse ...

Die Bewohner von Mergoscia sind zu jener Zeit in alle Himmelsrichtungen ausgewandert. (In der Kirche steht noch jetzt ein silbernes Kreuz, das von Auswanderern aus Florenz mitgebracht wurde, und das die Jahreszahl 1650 trägt.) Sie waren Scherenschleifer, Kaminfeger, «Hausierer» (das heisst umherziehende Verkäufer von Schnittwaren und Glasperlen und bunten Fensterscheiben), sowie Glaser. Der Francesco Rusconi des erwähnten Ehevertrags war Glaser und übte sein Handwerk in Frankreich, in Cambrai, aus, und zwar zusammen mit seinem Bruder Battista, der jedoch zu einem gewissen Zeitpunkt auf diesen Beruf verzichtete, da er für ihn «allzu beschwerlich» war.

Es waren jedoch keine armseligen, umherziehenden Glaser, sondern ernsthafte, fest ansässige Handwerker. Sie besassen eine Werkstatt und unterrichteten Lehrlinge. Dies geht aus einem Lehrvertrag hervor, der im August 1777 zwischen den beiden Brüdern Rusconi und einem Giov. Antonio Papina abgeschlossen wurde, «alle drei aus Mergoscia, bei Anlass und Gelegenheit, da Bernardo, der Sohn des obgenannten Papina, sich unter die Leitung der erwähnten Rusconi begibt, um das Handwerk eines Glasers unter vorteilhaften Gegebenheiten und zwar folgendermassen zu erlernen»: Der Meister verpflichtet sich, dem Jungen das genannte Handwerk beizubringen, «während 3 ½ aufeinanderfolgenden Jahren, wie es bei ähnlichen Verträgen Brauch ist»; ihn, falls er krank werden sollte, vierzehn Tage lang zu pflegen, und wenn seine Lehrzeit um wäre, «ihm die Aussteuer auszurüsten, und zwar nach den Gepflogenheiten dieses Handwerks ihm gratis das nötige Werkzeug für den Beruf eines Glasers zu geben, mit Ausnahme der Strippe, zu der er nicht verpflichtet ist; ihn einzukleiden, nach Massgabe der Kleidung, in der er jetzt von zu Hause herkommt». Dagegen kommt der Vater des Jungen für allen und jeden Schaden auf, den der Sohn verursachen könnte; ferner garantiert er für die Rechtschaffenheit, den Gehorsam und die Treue «sowohl der Hand als auch der Rede» seines Sohnes.

Aus den spärlichen und mühsamen Briefen ergibt sich vor allem eine Klage, die im Mund der Auswanderer immer wiederkehrt: die grausamen Bedingungen, welche die Unkenntnis der Landessprache mit sich bringt. «Ich hoffe, es werde gut gehen», berichtet 1777 ein Brief aus Cambrai. Es ist sicher nicht unnütz, ihn wiederzugeben, wenn auch zur Erleichterung des Verständnisses mit einem Minimum an Verbesserungen: «Der ganze Kummer, den ich hier habe, kommt daher, dass wir kein Französisch verstehen. Es ist als seien wir mitten unter (zwei unleserliche Worte), wenn man die Grillen zirpen hört. Da schaut zu, ob ihr versteht, was es heisst. Es ist eben französisch ...»

Briefe, die gewöhnlich einen rührenden Schluss haben: «Ich höre auf zu schreiben, aber ich höre nicht auf, euch lieb zu haben.» Und nicht weniger rührend ist der Beginn eines Briefes vom 27. Januar 1772, den die Frau des Francesco Rusconi an den fernen Gatten richtet: «Jesus, Joseph und Maria helft mir beim Schreiben dieses Briefes und auch dem, der ihn lesen wird oder vorlesen hört.» Er besagt: «Mein liebster, von mir sehr geliebter Mann. Mir geht es Gott sei Dank gut. Ich grüsse Euch und Euren Bruder. Ich habe am 26. des Christmonats eine Tochter geboren. Sie ist drei Tage lang am Leben geblieben und ist dann ins Paradies gegangen, zu meinem Leidwesen, denn sie war sehr schön, aber ich bin zufrieden, dass sie ins Paradies ging.» Dann folgt eine ganze Reihe von Grüssen, Mutter, Schwestern, Verwandte und Freunde gesellen sich den Wünschen der Gattin und des Gevatters bei, der, mit der Feder besser vertraut, diesen Brief aufgesetzt hat.

Sechs Jahre später erhält der Glaser in Cambrai einen weiteren Brief mit der Botschaft eines andern Todes. Dieser Brief ist in der wunderschönen Schrift des Pfarrers geschrieben, eines gewissen Giorgio Antonio Leoni di Rivapiana di Minusio: «Von Eurer guten Frau Maria Angela habe ich den Auftrag bekommen, Euch wissen zu lassen, dass am 7. dieses Monats Euer Sohn Battistino und Eure Schwägerin Maria von einem akuten Fieber befallen wurden. Der kleine Knabe überstand es gut. Aber die Schwägerin hörte am 15. des obgenannten Monats, versehen mit den üblichen Sterbesakramenten unserer heiligen Kirche auf zu leben und bezahlte dem Tod ihren Tribut ... Angesichts dieses Unheils wurde Eure Gattin Maria Angela von einem so lebhaften und jähen Schmerz gepackt, dass sie, wie wir es stark befürchteten, innert weniger Stunden beinah erstickt wäre. Man hatte ihr schon die heilige Wegzehrung gebracht. Als wir ihr dann aber zu verstehen gaben, wir seien nur für den Himmel geschaffen worden und nicht für diese Welt ... und als wir ihr, sage ich, diese und andere nützliche Wahrheiten eingetrichtert hatten, erholte sie sich etwas. Sie fing sich wieder auf, so dass sie sich jetzt langsam wieder in gutem Zustand befindet. Nichtsdestoweniger sieht sich die gute Frau sozusagen allein, ohne einen Menschen, dem sie wahrhaft vertrauen könnte und der sie richtig zu trösten vermöchte. Ich befürchte deshalb, dass sie unter diesen Umständen viel leidet und sich kümmerlich durchschlägt.

Deshalb rate ich Euch, lieber Sohn in Christo, Eure Rückkehr in die Heimat so rasch wie möglich zu beschleunigen. Dies ist auch der Wunsch Eurer geliebten

Gefährtin, welche sagt, sie habe keine andere Hoffnung und keinen Trost mehr auf dieser Welt als Euch. Dasselbe verlangen auch die Angelegenheiten und die gute Führung Eures vermögenden Hauses, besonders in diesem Jahr, denn die Felder stehen bis anhin gut und versprechen reiche Ernte an allerlei Früchten ...» Und der gute Priester fügt seinen Grüssen diejenigen aller Verwandten bei, ferner der Eltern der drei Jungen, die der Glaser Rusconi unter sich hatte, unter denen sich auch der Bernardo Papina aus dem erwähnten Lehrvertrag befindet.

Der Brief des Pfarrers ist vom 19. August 1778 datiert. Vom 19. Dezember desselben Jahres, und zweifellos von diesem Brief angeregt, stammt eine Art Pass, in dem «Prévost, échevins, et magistrat de la ville, cité & duché de Cambrai» erklären, dass «François Ruschon, natif de Locarno en Suisse, demeurant en cette ville depuis seize ans environ», in seine Heimat zurückkehre, «pour vacquer à ses affaires». Es folgt eine Empfehlung, ihn frei passieren zu lassen. Der Ärmste eilte heim, um die verzweifelte Gattin zu trösten.

Sein Schwiegervater, Giacomo Antonio Bianconi, muss – immer im Verhältnis zur Zeit und den Gegebenheiten des Dorfes – eher wohlhabend und sein Haus vermögend gewesen sein, wie es auch der Priester Leoni in dem genannten Brief erwähnte. Bevor seine Witwe starb, verfügte sie, «denn sie war eine Frau mit einer Erbschaft und besass Vermögen», über ihr Vermächtnis von 25 Talern: für einen Sack Salz, das in der Gemeinde verteilt werden sollte, sowie zwei *Socche* oder Kleider. Das Übrige sollte für Messen zur Rettung ihrer Seele verwendet werden. Dies wurde, als sie tot war, befolgt. Das beteuert derselbe Priester Giorgio Antonio Leoni «de Ripaplana loci Minusji» im März 1781. Man muss sich vergegenwärtigen, dass das Salz damals eines der wenigen Lebensmittel war, die man notwendigerweise kaufen musste. Dann begreift man die Bedeutung der zahlreichen Hinterlassenschaften für das «Salzvermächtnis».

Francesco Rusconi kann somit nicht mehr gar so jung gewesen sein, als er 1785 noch einmal nach Frankreich reiste. Vorsichtigerweise dachte er, bevor er sich auf die Reise begab, daran, sein Testament zu machen. Dieses Testament wurde beim stellvertretenden Pfarrer von Mergoscia, Giov. Domenico Giovannoni, vor Zeugen hinterlegt. Wir müssen erwähnen, dass die Alten darauf achteten, ihre Angelegenheiten richtig, nach allen Regeln und eindeutig zu erledigen, denn es lag ihnen viel an ihrem Besitz, ihrer Familie und an der Fortdauer ihres Hauses.

«Da es Pflicht eines guten Katholiken ist, immer auf den Tod vorbereitet zu sein ... und da Francesco, der Sohn des Giacomo Ruscone von Mergoscia, im Kirchenspiel Locarno und der Diözese Como dies gut begriff, hat er es vor seiner Abreise nach Frankreich ... für richtig erachtet, sein Testament zu machen.» Nachdem er an seine Seele gedacht hat, erklärt er, falls er sterben müsse, sei seine Witwe Angiola Maria «Frau und alleinige Meisterin seiner ganzen Habe, wie sie auch immer sei ...» Doch müsse sie die Witwentracht tragen, als ehrbare Frau leben und in ihrem eigenen Hause mit ihren Kindern wohnen bleiben. Und so weiter, zwei dicht beschriebene Seiten in der winzigen Schrift des stellvertretenden Pfarrers, ein minutiöses Verzeichnis der Rechte und Pflichten der Überlebenden: Der Vormundschaft über die Kinder, sowohl im Fall, da sich die Witwe wieder verheirate, wie auch im Fall ihres Todes. Jede Möglichkeit war vorgesehen und geordnet. Und das Ganze war mit der Unterschrift des Priesters, dreier Zeugen und des Erblassers rechtsgültig versehen. «Ich, Francesco Ruscone, bestätige das Obenstehende», steht dort in dicken und plumpen Druckbuchstaben. Dazu gehört ein Empfehlungsbrief des Priesters Giovannoni, der besagt, Rusconi sei ein Mann von guten Sitten, ein echter Katholik, klein gewachsen, blond, mager und ein Stotterer; und er gehe «ad artem suam vitrarij exercendam in Gallia».

Ausser dem Battistino, den im Jahre 1778 jenes akute Fieber gepackt hatte, besass Francesco Rusconi noch einen andern, im Jahre 1783 geborenen, jüngeren Sohn, Giuseppe. Dieser war somit kurz vor des Vaters Abreise nach Frankreich zur Welt gekommen, und muss irgendwie das schwarze Schaf der Familie gewesen sein, ein Tunichtgut, wie man damals sagte und auch heute noch sagt, «immer und wie gewohnt ein Tölpel», sagt ein Enkel im Jahre 1840 von ihm. Anno 1807 liess er sich auf Kosten der Gemeinde Sorengo «unter die Fahnen seiner kaiserlichen Majestät Napoleon, des Kaisers der Franzosen und Königs von Italien» anwerben, wie aus einer rechtsgültigen Akte hervorgeht, die ihn für vier Jahre verpflichtete. Doch hatte anscheinend die Sache keine Folgen. Er hielt sich im Wallis, in Sierre und in Sion auf.

Die Gattin hatte er zu Hause gelassen. Er betätigte sich als Kaminfeger und in wer weiss was für anderen Berufen ...

Von einem seiner Briefe an den Bruder lohnt es sich, die Adresse wiederzugeben: «Über briggo und über dom dossela und über intra und canobio und locarno zuhanden von Gian Battista Ruscone aus Mergoscia.» Und eine andere «Adresse» einer nach Frankreich gesandten Botschaft lautet: «Signor Francesco Roscone Lucerna Onenhc (?) über Paris nach Cambre in Flandern Absteigequartier Breguzon in der Gegend der Glaser.» Wie solche Briefe zugestellt werden konnten, ist für uns, die wir nun an «Postleitzahlen» gewöhnt sind, schwierig zu verstehen ...

Ein Enkel des Francesco und Sohn des Battista Rusconi ist Gottardo, der noch jung, im Jahre 1833, dem Jahr der von der Gemeinde besorgten Inventur, sterben musste. In der Inventur ist das armselige Hausgerät in einem dem Italienischen nachgebildeten Dialekt aufgeführt: «Eine Kufe, zwei Töpfe, ein Weinfass, ein Kessel, eine Schüssel, drei Wärmepfannen, eine Kupferpfanne, ein Butterfass und ein Weinmass, zwei Holzschemel fürs Wasser, zwei Beile, zwei Hippen, ein eiserner Hammer und eine Hacke, eine Schaufel, eine Heu- oder Mistgabel», und so weiter, mit dem Haus, den Ställen in den verschiedensten Gegenden und Hügeln, die Wiesen, die Wälder, die Bäume.

(Man bedenke: Wenn der frühzeitige Tod des Vaters das Haus betrübt zurückliess, so gehörte dazu auch die gewohnte und in ihrer Art barbarisch grossartige Zeremonie der Totenwache. Im Haus des Toten vereinigten sich die Leute – Requiems und Rosenkränze, die dann sachte in Scherze und Witze hinüberglitten. Man ergab sich dem Trinken und dem übermässigen Schlemmen, bis alle Vorräte ratzekahl aufgegessen waren. Man schnitt wohl gar der einzigen Ziege die Kehle durch und prasste in rauen Mengen. Man feierte das Leben neben dem Toten, der in seinem Sarg ausgestreckt dalag.)

Gottardo Rusconi starb 1833 und hinterliess eine trostlose Witwe mit einer Tochter und zwei Söhnen. Giacomo (mein Grossvater) wurde 1831 geboren, sein Bruder Battista ein Jahr später. Dieser sollte in Australien sterben. Überall herrschte Elend. Und nur Gott kennt die Leiden der armen Frau, die das Haus weiterführen und die Kinder erziehen musste. Die beiden Söhne mussten, noch als Knaben, der Tradition folgen. Sie zogen in die Lombardei und ins Piemont hinab, um Kamine zu fegen. Zunächst waren sie von Meistern in Intragna abhängig. Ich erinnere mich, mit welch zornigem Ingrimm mein Grossvater von den «Intragnoni» sprach, die gegen Ende Herbst durch die Täler zogen, um Knaben anzuheuern. So wie die Schlächter vor Ostern Zicklein sammelten. (Ganze Karren voll Zicklein zogen am Haus vorbei. Den armen Tieren waren die Hinterbeine zusammengebunden, und sie hingen mit dem Kopf nach unten an einer Stange. Blut tropfte in den Strassenstaub. Und immer, wenn man von Zicklein, auch von gebratenen, spricht, kommt mir das harte Dasein der elenden «schwarzen Engel» in den Sinn, die in der Lombardei und im Piemont den Russ der Kamine schlucken mussten.)

Doch nachdem der Grossvater Gehilfe gewesen war, wurde er Meister. Denn in zwei Pässen, von 1851 und von 1852, ist angeführt, Giacomo Rusconi «begibt sich ins Piemont und in die Lombardei, um sein Handwerk auszuüben», das heisst, um als Kaminfeger tätig zu sein. Und er hat «einen Knaben von acht Jahren bei sich». Er muss ohne den Bruder Battista dorthingezogen sein, denn diesem wird im selben Jahr 1851 eine Reiseerlaubnis von Porlezza «über die Grenze bei Oria» zugestanden. Doch aus dem Jahr 1853 sind zwei Pässe für die beiden Brüder, ohne Begleitung, erhalten. Wie gewohnt zogen sie als Kaminfeger nach der Lombardei und dem Piemont. (Diese grossformatigen Pässe tragen das Bild eines albernen Wilhelm Tell, mit dem Sohn und dem Apfel. Tell ist wie ein Landsknecht gekleidet, mit mächtigen Federn geschmückt und hält das Kantonswappen. Die Pässe tragen die Unterschrift des Advokaten G. B. Pioda, des Staatssekretärs.) Vom ersten Tag des Jahres 1853 stammt ein Brief der beiden Brüder an die Mutter, datiert aus «Pieve del Cajero» (das heisst: Pieve del Cairo, Lomellina). Dieser Brief besagt:

«Wir haben keinen Schnee und es ist nicht kalt. Das Wetter ist mild und neblig. Das Dasein verläuft wie gewohnt. Der Wein ist sehr karg zubemessen. Wir werden vom 20. März an wieder zu Hause sein. Weiteres kann ich Euch nicht sagen, als dass ich Euch liebe und von Herzen grüsse und Lebewohl sage. Wir sind Eure Söhne Giacomo und Battista Rusconi.»

Es ist nicht schwer zu verstehen, dass sich hinter diesem «das Dasein verläuft wie gewohnt» magere Rationen verbargen, die zu den Anstrengungen und dem

Appetit der beiden Jungen in grobem Missverhältnis standen. Es ist auch nicht schwer zu verstehen, was die Kargheit des Weins bedeutet, bei dem Russ, der die Kehlen rau macht und austrocknet ... Ein Jahr später legte Battista die Raspel beiseite, schnürte sein Bündel und reiste dem Gold Australiens entgegen.

4

DAS GLÜCK HAT MIR NICHT GELACHT. ABER NUR IMMER MUT!

Kurz nach der Mitte des 19. Jahrhunderts lenkte ein goldener Schimmer die Bewohner von Mergoscia von den gewohnten Mühsalen ab. Australien mit der faszinierenden Aussicht auf unendliche Reichtümer verleitete sie dazu, die Raspel des Kaminfegers oder den Kasten des Hausierers beiseitezulegen und sich auf der Suche nach neuen Abenteuern einzuschiffen.

Aus einem Heft, das wer weiss wie zwischen die Papiere des Grossvaters gelangte (der verschiedene Male Sindaco des Dorfes war), einem Heft mit dem Titel «Soldaten-Register», geht die andauernde Flucht der jungen Leute nach Australien hervor. Bei der Aushebung von 1832 sind von elf Rekruten sieben nach Australien gefahren. Bei der von 1833 sind von den sieben, die rekrutiert werden sollten, alle sieben in Australien. Im folgenden Jahr sind sechs von acht abgereist, und so geht es noch einige Jahre lang weiter. Um 1858 errechnet man, dass etwa sechzig junge Leute von Mergoscia in Australien sind, um Gold zu suchen. Nach diesem Jahrzehnt verringert sich das australische Goldfieber. Inzwischen war der andere und weniger verhängnisvolle «Rush» nach

Kalifornien aufgekommen. Die Ergebnisse aus der Auswanderung nach Australien waren recht mager, viele von den Auswanderern kehrten mit folgenden Worten im Mund zurück: «Das Glück hat mir nicht gelacht ...» Nach allem, was man weiss, gelang es nur einem Einzigen, das Glück bei den spärlichen Haaren zu packen. An diesen Battista Papina, Sohn eines Battista, erinnert ein Gedenkstein an der Kirchenfassade: «Er verstand es, sich in Australien ein nicht geringes Vermögen zu verschaffen.» Und weiterhin sagt der Stein aus, als Papina von Australien zurückkehrte, sei er sogleich nach Kalifornien ausgewandert (wie dies nach ihm mehrere taten), und sei im Jahre 1869 noch jung – er war 1822 geboren – in San Francisco gestorben.

Im Jahre 1870 starb in Kalifornien ein anderer junger, dreissigjähriger Mann, der denselben Weg von Australien nach Amerika gegangen war, ein Giacomo Capella, dessen Namen und eine kurze Parabel man auf einem Stein des Beinhauses lesen kann. Darauf steht, dass dieser tugendhafte Jüngling in jenen fernen Landen ein trügerisches Glück suchte, jedoch «nur den Lohn des Gerechten» fand. Dem Buchstaben zufolge könnte man meinen, als Lohn des Gerechten sei, *faute de mieux*, eine kleine Zugabe anzusehen, wenn auch entwertet von jenem erschreckend einschränkenden «nur». Aber vielleicht würde man dem Toten Unrecht tun ... Diese beiden Beispiele mögen genügen, um die Geschichte jener harten gefahrvollen Auswanderung zu illustrieren, und jene manchmal direkt von Australien nach Kalifornien reisenden jungen Leute zu schildern, welche hinter dem trügerischen Spiegelspiel des Glücks herrannten. Tatsächlich finde ich in den Buchhaltungsheften eines gewissen Campini die Ausgabe von dreitausend Franken, «um die Reise der Filomela und diejenige des Vincenzo von Australien nach Kalifornien zu bezahlen». Dies war sicherlich eine direkte Reise, ohne Zwischenhalt in Europa. Und wahrscheinlich ist es ein Brief ebendieses Campini, der dann meinen Grossvater dazu überredete, sich nach Amerika einzuschiffen.

Ein Altersgenosse und Abenteuergefährte des Battista Papina, wenn auch nicht in glückhaftem Sinn, war der Bruder meines Grossvaters, Battista Rusconi, der Sohn Gottardos. Von ihm sind unter den Papieren verschiedene Briefe erhalten, die es uns erlauben, die kurze, von Schweiss und schliesslich von Blut triefende Spur zu verfolgen. Der erste Brief ist ein Blatt, das er wahrscheinlich, bevor er abreiste, auf dem Tisch zu Hause schrieb. Die Mutter und der Bruder waren abwesend, sie hielten sich in den Bergen auf. Die Häuser ringsum waren leer. Die Gefährten hatten es eilig; man musste sich auf den Weg machen. Es sind nur wenige, an den Bruder gerichtete Zeilen: «Ich kann nicht auf Dich warten, denn die andern gehen schon ... Ich glaubte nicht, so früh schon abreisen zu müssen. Wenn es mir gut geht, werde ich Dich rufen.» Mit leichtem Gepäck, die Brust geschwellt von Hoffnung und Mut, in der Tasche das von der Gemeinde geliehene Reisegeld, so hatten sie die Schuhe geschnürt. Es war im September des Jahres 1854. Die Trauben begannen auf den Dächern, wo die Wärme am intensivsten ist, schon dunkel zu werden. Das Licht des Sees und das auf den beiden Bergen wurde schon goldfarben. Dort in der Ferne aber erwartete sie, nach langen Monaten auf dem Ozean, das Glück ...

«Bitte Gott, dass er mir Glück schenkt», sagt er auf dem Zettel, den er auf dem Tisch zu Hause zurückliess, zum Bruder. Auf dem Papier ist noch die Spur eines Wassertropfens zu sehen. Es könnte sein, dass es eine Träne war, die bei der eiligen Abreise, die es ihm verwehrte, die Mutter und den Bruder nochmals zu umarmen, herabfiel. Doch waren es eigentlich nicht Menschen, die leicht weinten.

Am 28. September war die Gesellschaft schon in Liverpool und wartete darauf, sich einschiffen zu können. Während der Wartezeit hat Battista Musse einen langen Brief zu schreiben begonnen um über die Wechselfälle der Reise zu berichten. Es ging alles gut bis Luzern, dann, sagt er, «wurden wir von einem Mann namens Muler aus Intra bedrängt, der ein paar von uns abspenstig machen wollte». Es war einer der vielen Reise-Agenten, die versuchten, die armen Auswanderer zu rupfen, eine Art Sklavenhändler. Und dieser Lump erzählte den armen verblüfften Männern in St. Louis eine Menge Geschichten. «Sie haben uns ungefähr drei Stunden lang aufgehalten, und wir verstanden nichts von all dem Geschwätz.» Die ewig gleiche Geschichte dieser Ärmsten, die von jeder Verständigungsmöglichkeit ausgeschlossen waren, eine erschreckte Herde von scheuen Tieren, dem ersten Besten ausgeliefert. Glücklicherweise fanden sie in Liverpool einen Landsmann, Lodovico Pedroni aus Mergoscia, der mit seinen Geschäften reich geworden war. Bei Versteigerungen hatte er mehrere Male für ein paar Pfund Sterling Schiffe erworben, von denen man keine Nachricht mehr hatte und die man als verloren erachtete. Wenn sie aber wieder auftauchen sollten, war es ein riesiges Geschäft. Drei Jahre später, anno 1857, sollte sich Pedroni in Muralto ein herrschaftliches Haus bauen und es Villa Liverpool taufen. Und als er 1881 starb, vermachte er seiner Heimatgemeinde eine ansehnliche Summe, wie dies auf seinem Gedenkstein im Beinhaus zu lesen steht. Der Satz lautet: «Er wurde arm geboren, aber das Glück war ihm in England günstig.» Was die Bosheit, hier wie andernorts, in den Ausspruch verwandelt: «Ehrbar im Vaterland, machte er sein Glück im Ausland ...»

Pedroni kümmerte sich um die kleine Schar von Auswanderern und buchte für das Schiff. Die Reise kostete 15 Pfund Sterling. Von Liverpool aus schreibt Battista seinem Bruder und gibt ihm folgende Nachricht: Sie sind am 25. September angekommen und werden bis zum 5. Oktober dort bleiben. An diesem Tag sollten die mutigen Argonauten sich auf der Suche nach einem unwahrscheinlichen goldenen Vlies einschiffen. Doch nur einem Einzigen sollte es gelingen, einen Gewinn herauszuschlagen. Eine Reihe von Grüssen beschliesst den Brief. Es klingt wie in den Episteln des heiligen Paulus: «Geliebter Bruder, ich grüsse dich herzlich und sende liebe Grüsse auch an meine Mutter und die Schwester und deren Mann und an alle die Seinen im Haus; ich grüsse auch Mariadomenica Campina, ich grüsse meinen Onkel Giacomo Campini und seine Frau; ich grüsse alle unsere Verwandten und Freunde sehr herzlich. Lieber Bruder, ich bitte dich, bring der Mutter Ehrfurcht entgegen ...» Und er findet Gelegenheit, in einer Ecke des

Blattes hinzuzufügen: «Der Name des Schiffes heisst Volpe (Fuchs), inglis ful wood.»

Die Umschiffung Afrikas, das Kap der Guten Hoffnung, drei Monate auf dem Meer. («Ich sage euch, das Meer ist wirklich ein Meer.») Dies ist der einzige Kommentar.

Am 30. Dezember verlässt die Gesellschaft in Melbourne das Schiff. Am 3. Januar 1855 ziehn sie in das Bergwerk von Jim Crow, wo sie weitere Landsleute treffen. Dann übersiedelt Battista Rusconi mit ein paar Gefährten in das Bergwerk von Bendigo (Victoria, 120 Meilen von Melbourne entfernt). Am 9. Juli schickt er die ersten Nachrichten nach Hause. Er arbeitet mit Landsleuten aus Mergoscia und aus Mondacce bei Minusio zusammen. Das Leben ist sehr teuer. «Die Lebensmittel bestehen in diesem Land aus Brot, Tee, Kaffee, Fleisch, Reis usw. Um Gold zu schürfen, steigt man unter die Erdoberfläche hinab», manche bis zu sechzig Ellen tief. Sie jedoch arbeiten nur fünf Ellen unter Tag. Es ist immer heiss, im Sommer und im Winter, und immer weht der Wind. «Das Gold wird zu 85 Franken die Unze verkauft.»

Ein weiterer Brief stammt vom 1. Januar 1856. Er enthält tausend Franken, um die Reiseschuld zu bezahlen. Battista hat schon früher etwas Geld geschickt, jetzt legt er vierhundert Franken für die Ausgaben zu Hause bei. Er empfiehlt, ihm zu berichten, wann wieder Auswanderer abreisen. Andauernd kommen welche an. Er empfiehlt dem Bruder, die Mutter mit Ehrfurcht zu behandeln. Er rät ihm ab, nachzukommen. Es seien schon zu viele Leute dort, Franzosen, Deutsche, Engländer und Chinesen und so fort, eine ganze Auswahl an Menschenrassen. Er empfiehlt ihm: «Bete für mich, denn diese Bergwerke sind nicht viel wert.» Das heisst, in Sachen Religion werde nichts getan. Er arbeitet unermüdlich. «Man hofft auf ein kleines Vermögen, doch das Gold ist unter der Erde und niemand weiss, wo es sich befindet ...» Es ist Zufallsarbeit. Man arbeitet zwei, drei Monate und findet nichts. «Dann aber kommt eine Woche, und diese macht all die Monate wieder wett, und sogar mehr als das.»

Es sind wenige und karge Nachrichten. Er sagt, die Behausungen seien aus Leinwand, also Zelte. Man muss den Aufenthalt leicht wechseln können. Man wirft sich die Zeltplanen und die Decken über die Schultern und zieht weiter. Man plant gerade, die Bergleute – auf der Suche nach mehr Glück – zu versetzen. Manchmal sieht man in den Wäldern ein paar Eingeborene. «Es sind nackte Wilde, höchstens mit einer Decke über den Schultern. Und sie sind ganz schwarz. Übrigens gibt es hier viele Vögel, lauter Papageien.» Wer weiss, wie deren ironisches Gekreisch über der einsamen Mühsal der Goldsucher tönte, zwischen den dürren Blättern der Eukalyptusbäume und Araukarien, die wie schwarze schuppige Schlangen raschelten. In jenem Land fand man nur wenig Wasser, ein paar Kängurus sprangen herum, und es gab riesige Echsen und Emus, sonderbare Erscheinungen für Augen, die an Füchse und Haustiere gewohnt waren. Übrigens waren es seltene Erscheinungen, denn die Goldsucher mühten sich unter Tag und bei schummerigem Kerzenlicht ab ...

Battista schreibt, die Gerechtigkeit schaue niemandem ins Gesicht. Sie sei streng und behandle alle gleich.

Er hat ein geografisch und astronomisch verdrehtes Bild: «Ich tue euch kund, dass wir in Australien uns unterhalb von Euch befinden, aber wir spüren nichts davon. Ich bezweifle es deshalb, weil jenes Bild im Mond sonst auf dem Kopf stünde ...» – Undeutlich stellen sie sich die Antipoden vor und hegen Phantasien über das Bild im Mond; jeder sieht darin das, was er sehen will, Kain und die Dornen ... Grüsse an alle, Verwandte, Freunde und Feinde, an alle die, welche nach ihm fragen.

Kurz darauf, am 29. desselben Monats Januar, sendet er eine weitere Botschaft mit den gewohnten Empfehlungen und Erklärungen wegen des gesandten Geldes. Dann folgt der Hinweis auf eine Schlacht, oder sogar zwei, zwischen Italienern, welche die Ortschaft besetzt hatten, und Engländern, die sie ihnen wegnehmen wollten; ein ernsthaftes Gemetzel mit Toten und Verwundeten. «Als die Polizei sich einmischte und sah, was sich ereignet hatte, sagte sie: Es leben die Italiener! Denn die Engländer haben den Italienern das Gold gestohlen ...»

Dann vergeht mehr als ein Jahr, ehe am 12. Mai 1857 ein weiterer Brief eintrifft. Es gibt Briefe, die ihren Bestimmungsort nie erreichen; sie fahren monatelang durch Australien, von Bergwerk zu Bergwerk, auch wenn sie von ankommenden Auswanderern mitgebracht wurden. Und dasselbe geschieht mit Briefen, die den von der Nutzlosigkeit ihres Tuns überzeugten zurückkehrenden Auswanderern anvertraut wurden. So schreibt Battista dem Bruder, der ihm nachkommen möchte: «Ich will Dir die Wahrheit sagen, wie sie ist: Australien ist gut für fünf Leute und schlecht für hundert.» Es ist allzu übervölkert, man entdeckt keine neuen Bergwerke mehr. Das bisschen Geld, das zu Hause ankommt, ist der Ertrag aus Mühsal und Entbehrungen. Die Auswanderer unternehmen «alles nur Mögliche, um die grossen Bedürfnisse zu Hause zu stillen». Niemand soll die Heimat verlassen. So viele Landsleute sind unzufrieden, hier zu sein. Es gibt sogar welche, die denjenigen verfluchen, der Australien entdeckt hat. Die Arbeit ist ein Hasardspiel, und sie ist härter als zu Hause. Es vergehen Monate, bis man so viel verdient, dass man seine Ausgaben decken kann.

Battista versucht, in die Grüsse ein paar englische Worte einzuflechten, um zu zeigen, dass er wenigstens die Sprache etwas gelernt hat: «Cod bai broder en moder en sister al god bai!» Was die phonetisch genaue Übertragung von «Goodbye brother and mother and sister, all goodbye» darstellt. Am 8. Oktober (jetzt ist Battista in Jim Crow) besteht er erneut darauf, der Bruder möge nicht nachkommen. Er solle nicht die wenigen ansehen, die etwas erwerben, sondern die vielen, die drei oder vier oder sechs Jahre arbeiten und nichts dabei gewinnen. «Die Bergwerke gehen immer mehr zurück, und ich bin erstaunt, zu sehen, dass so viele Landsleute ankommen.» Ihm selbst ist es eher schlecht ergangen. Trotzdem schreibt er: «Gegenwärtig könnte ich Euch von dem wenigen, was ich habe, ein wenig Geld schicken, aber ich glaube nicht, dass Ihr im Elend seid. Und dann muss man an die Zukunft denken, die gut oder schlecht werden kann.» Immer begierig nach Nachrichten von zu Hause und aus dem Kanton, beschwert er sich, er finde darüber mehr in den Briefen anderer als in denen, die an ihn gerichtet seien. Und wie viele Briefe gehen während der langen Reise verloren! Immer empfiehlt er dem Bruder, er möge für die Mutter sorgen, und sendet allen Grüsse, auch seinem Schatz. Der letzte Brief stammt – immer noch aus Jim Crow – vom Abend vor Weihnachten des Jahres 1858. Im Oktober vorher hatte er geschrieben: «Das Glück hat mir nicht gelacht. Aber nur immer Mut!» Tatsächlich war ihm das Glück nicht hold gesinnt. Am 27. Juni 1859 erreichte ihn das Schicksal bei der Arbeit und begrub ihn unter jener Erde, die ihm nur wenig Gold gewährt hatte. Ein Brief vom 9. Juli, den einer seiner Arbeitsgefährten, Vincenzo Perini, an den Bruder Giacomo adressierte – der inzwischen den Gedanken ans Auswandern aufgegeben hatte, denn er hatte sich verheiratet –, erzählt das traurige Ereignis ausführlich:

«In meiner grössten und tiefsten Niedergeschlagenheit (der sich meine Gefährten anschliessen), berichte ich Euch vom schmerzlichen und plötzlichen Tod Eures lieben Bruders (und Sohnes) Rusconi Battista, genannt Cino. (Der Beinahme des Geschlechtes Rusconi lautet im Singular *Cin* und im Plural *Citt*, mit ausgesprochenem Lautwandel.) Zu unserer und Eurer grossen Trostlosigkeit und Melancholie ist er am 27. Juni 1859 um zehn Uhr vormittags gestorben. Wir Gefährten befanden uns alle fünf im Stollen bei der Arbeit. Plötzlich fiel ein grosses Stück Erde, ungefähr drei Ellen im Quadrat, herab, und der arme Unglückliche ging in ein besseres Leben hinüber. Im Nu war er tot. Er konnte nicht einmal mehr Jesus Maria sagen. In jenem Augenblick befanden sich dort die drei Gefährten Perini Pietro Canova, Beretta Gottardo di Vincenzo und Vincenzo Pedroncini.

Als diese das dumpfe Getöse der herabstürzenden Erde hörten, schrie einer von ihnen auf. Doch der Arme in der Mitte blieb liegen. Alle Kerzen löschten sofort aus. Die Erde brachte ein grosses Getöse hervor. Ich war fünf Minuten vorher aus dem Stollen hinausgetreten. Sogleich kam einer von ihnen heraus und rief nach mir. Da bin ich hineingegangen und sah die herabgestürzte Erde. Der arme Unglückliche war ganz mit Erde zugedeckt, etwa einen Arm hoch. Ich begann ihn auszugraben. Innert fünfzehn Minuten hatten wir ihn herausgezogen. Er war tot.

Ich ging einen in der Nähe arbeitenden Engländer holen, damit er mir helfe, und auch als Zeuge des grossen Ereignisses diene.

Ich bin sofort zur Polizei gegangen, um Nachricht von dem erfolgten Unglück zu geben. Sogleich kamen die Polizisten, um nachzusehen und sich um den Leichnam zu kümmern, worauf die Untersuchungen begannen. Am 29. erschienen der Friedensrichter und der Arzt. Sie beeidigten die erfolgte Tatsache. Auch kamen noch weitere acht Personen, um den Vorfall zu beurteilen. Der Richter hat die Versicherungskarte ausgefüllt.

Am Tag darauf haben wir den Toten, sieben Meilen vom Bergwerk entfernt, begraben. Dort haben wir den Sarg zimmern und ihn zum Friedhof fahren lassen.

Als die Polizei ankam, haben sie ihn, oder besser seine Leiche, visitiert. Sie haben die Summe von sieben Pfund Sterling und zehn Schilling gefunden, das heisst 188 Franken. Mit diesem Geld haben wir ihn begraben und den Sarg machen lassen und die Schulden bezahlt, die er bei der Gesellschaft hatte. Er hatte auch schon seit zwei Monaten den Fleischer und den Bäcker nicht bezahlt. Es ist noch etwas übrig geblieben, doch werden wir es für die Briefe und die Wechsel brauchen.

Seinen Anteil an der Arbeit haben wir mitsamt allem, was ihm gehörte, dem Giuseppe Pedroni für die Summe von 14 Lire, das heisst 350 Franken, verkauft. Nun schicke ich, Vincenzo Perini, Euch diesen Wechsel über 15 – in Worten fünfzehn – Lire, das heisst 375 Franken ...

Nun bleibt mir nichts mehr, als Euch herzlich zu grüssen, Euch, Giacomo Rusconi, sowie Eure Mutter und Eure Gattin Mariangiola Perini und die Schwester. Seid fröhlich und zufrieden. Denn wir hier sind jetzt, solange wir in diesem Beruf arbeiten, alle der Todesgefahr ausgesetzt. Während Euer Bruder tot ist und es ein grosses Wunder bleibt, dass wir nicht alle dort unten tot liegen blieben ...»

Er schreibt den Totenschein ab, der vom Coroner oder Friedensrichter ausgestellt wurde, und die überlebenden Gefährten fügen ebenfalls ihre Grüsse und Unterschriften bei.

Ein anderer Brief des Vincenzo Perini, vom folgenden August, wiederholt kurz die schmerzliche Tatsache, regelt die wenigen unbezahlten Rechnungen und fügt bei: «Aus Australien ist gegenwärtig nichts Neues zu melden, nur Elend. Das Leben ist allgemein sehr teuer und das Gold ist rar ... Lasst mich Neuigkeiten über den Krieg in Italien wissen und Neuigkeiten aus der Heimat.» Denn selbst zu diesen armen Verlassenen drangen Gerüchte über den Befreiungskrieg Italiens. Und trotz allem fühlten sie sich als Menschen, die mit der Welt verbunden waren.

So endete das australische Abenteuer und die Mühsal derer, die aus Mergoscia ausgewandert waren. Fast für alle ging es kläglich aus, doch für diesen meinen Grossonkel endete es tragisch. Aus den Briefen kann man nicht genau erfahren, zu welchen Bedingungen sie arbeiteten. Es ist wahrscheinlich, dass jeder das Goldgräber-Recht in einem Bergwerk auf eigene Kosten erwerben musste.

Im selben Jahr 1859, in dem Battista Rusconi mit 27 Jahren starb, von einer Erde begraben, die ihm das Gold vorenthalten hatte, ging in Australien der 24-jährige Samuel Butler an Land, um sich der Schafzucht zu widmen und seine ironischen Betrachtungen über die Theorie Darwins und die Entdeckungen Erewhons aufzuzeichnen. Er aber hatte in der Wüste ein Klavier und ziemlich viele Bücher bei sich, und die paar Jahre jenes Aufenthaltes trugen ihm die ersehnte Unabhängigkeit ein. So kreuzen sich auch im fernen Australien die Wege und bewirken, dass jener entfernte Verwandte in die Nähe des begabten Engländers geriet – so wenigstens scheint es mir auf der Karte, die so gross ist wie meine Hand –, der nach seiner Rückkehr mit so viel spöttischer und heiterer Milde unser Land beschreiben sollte. – Die Welt ist riesengross. Aber manchmal sieht es aus, als sei sie nur wenige Spannen breit, und es sei schwierig, sich darauf nicht zu begegnen, ja, es sei sogar leichter, sich zu treffen, als sich zu verfehlen.

5

BARBAROSSA
IN KALIFORNIEN

Noch während die kurze australische Illusion unterging, tauchte die Fata Morgana von Kalifornien auf und schimmerte und glänzte – auch sie – von Gold. Für die Unseren war es jedoch nicht so sehr das Goldfieber eines Chaplin oder der Roman des Generals Sutter. Es war viel mehr ein bescheidenes Tagelöhnerdasein, die ländlichen Arbeiten auf den «Ranches», das Melken endlos vieler Kühe, was kräftige Arme und erfahrene Hände erforderte. Kurz – das Ganze spielte sich in einer primitiven Kultur von ländlichem Charakter ab, wo sich unsere Leute unbehaglich fühlten. Gewiss war es kein Schlaraffenland, wo die Hecken mit Ketten aus Würsten verbunden sind. Auch in jenem Paradies warteten Knappheit, Arbeitslosigkeit und karger Verdienst (wenn es ihn überhaupt gab) auf die jungen Leute, die das Glück suchten. Doch kehrten diese, vielleicht noch schmutzig von der Erde Australiens, um und schifften sich ein, um mutig die Ozeane zu durchqueren, denn jetzt waren sie schon daran gewöhnt ...

Mein Grossvater Giacomo Rusconi hatte, den Ratschlägen des Bruders folgend und nach dessen tragischem Tod auf den Gedanken verzichtet, auszuwandern. Er hatte sich in ebenjenem Jahr 1859 mit Mariangela Perini verheiratet. Ein Jahr später wurde ihm eine Tochter, Margherita – meine Mutter – geboren. Die Familie wuchs sehr rasch. Fünf Kinder waren es – drei Söhne und zwei Töchter. Sieben Münder musste er also stopfen, nein, acht, mit dem seiner Mutter. So liess er sich im Alter von 36 Jahren von Kalifornien und den Nachrichten der Freunde verlocken, welche diese von dorther sandten und forderte einen Pass an. Dieser befindet sich noch jetzt unter den Papieren und empfiehlt den Autoritäten, sowohl der Schweiz wie auch der befreundeten Mächte, dem Signor Giacomo Rusconi, dem Sohn des Gottardo, aus Mergoscia, unter angenehmen Bedingungen freien Durchgang zu gewähren, ob er sich nun in die schweizerischen Kantone, nach Frankreich, Italien oder Amerika begebe, um dort zu arbeiten. Der Pass wurde am 20. Mai 1867 in Locarno ausgestellt und mit der Unterschrift des damaligen Staatssekretärs Avv. A. Franchini versehen. – Die Magistraten und Politiker jener Zeit unterschrieben in durchaus leserlicher Art; ein Brauch, von dem keine Spur mehr zurückgeblieben ist …

Unter den körperlichen Merkmalen stechen die Haare und der Bart hervor. Beide waren rot. Daher bekam mein Grossvater den Übernamen Barbarossa, und dieser kennzeichnete ihn hinfort. In Kalifornien blieb er von 1867 bis 1874. Von diesen wenigen, schweisstriefenden Jahren kann man in den Briefen lesen, die er nach Hause schrieb. Auch die Ereignisse, die sich zu Hause abspielten, gehen aus den Briefen hervor, die ihn von

Mergoscia aus in Kalifornien erreichten. Er brachte diese wieder mit nach Hause und hat sie – mit den seinen und vielen andern zusammen, auch mit denen der Söhne, die denselben Weg einschlugen wie er –, eifersüchtig aufbewahrt.

Den letzten Anstoss zur Auswanderung erhielt er vielleicht von dem Brief, den jener Vincenzo Campini ihm im Oktober 1866 aus Placerville schrieb. Dieser war ein Auswanderer, der – wie wir schon sahen – in Australien gewesen war und der die Jahre, die er dort verbracht hatte, verfluchte. Campini preist das amerikanische Leben, sagt, er sei «Ingenieur» und verdiene vierzehn Franken im Tag. Doch hoffe er, in wenigen Wochen das Doppelte zu bekommen. – Dazwischen liege das Meer, das sei wahr, «ein Stück Ebene aus grünem Wasser; man muss Mut fassen». Aber, fährt er fort: «Hört nicht auf die, welche davon reden, denn wenn Ihr aus der Hölle heraus seid, geratet Ihr ins Paradies. Denn dies hier ist das Paradies der Frauen. Sie tun nichts, sie denken nur daran, zu essen und gut gekleidet herumzuwandern, etwas anderes tun sie nicht.» – Das sagte er, um die Schwestern dazu zu überreden, ihm zu folgen. – Er musste ein bisschen ein Prahlhans sein, jener Campini. Er sagt, die Reise habe 97 Tage gedauert. Aber wie wir schon sahen, ist er direkt von Melbourne aus nach Kalifornien gefahren.

Tatsache ist, dass Barbarossa seinen ersten amerikanischen Brief am 17. Juli 1867 von Placerville aus schrieb. Dieses liegt nordöstlich von San Francisco, Eldorado Bounty, am Fuss der Sierra Nevada. – Er sagt, er habe die Campini getroffen. Es gehe ihnen allen gut, sie hätten zusammen ein Fest gefeiert, während er darauf gewartet habe, Arbeit zu finden. Er gibt ein paar Einzelheiten über die vielen Landsleute, die er trifft, bekannt, und sagt, auf dem Meer sei es ihm ein paar Tage lang schlecht ergangen, aber sie seien gut verpflegt worden: dreimal Fleisch im Tag. Er empfiehlt denen zu Hause, sich keine Sorgen zu machen. «Weint nicht um mich. Wenn der allmächtige Gott mir Glück widerfahren lässt, wird dies mir und Euch zum Trost gereichen ...» – Er bittet um Nachrichten von zu Hause und schliesst: «Lebt wohl, lebt wohl. Ich bin Euer Sohn, o Mutter, und Euer Gatte, o Frau, und euer Vater, o meine Kinder ...»

Sogleich antwortete ihm seine Mutter: alle seien wohlauf, die Erträge seien zwar mässig, aber «wenn sie schlecht sind, geht es trotzdem weiter». Unten in Tropino hat zwar der Hagel alles vernichtet. – Zwei dicht beschriebene Seiten von Verwandten und Freunden, welche dem Barbarossa Grüsse schicken. Eine Orsola Pedroncini bittet ihn, «um Gottes willen und mit Tränen in den Augen, meinem Mann kundzutun, dass ich nichts von ihm gehört habe und nicht weiss, ob er tot oder lebendig ist. Oh, lieber Rusconi, ich hoffe, Ihr werdet mit meinem Schmerz Mitleid haben ... Ich bin schon ganz tot vor Qual, ich bin verzweifelt ...» Das ist kein seltener Fall. Die Ärmsten, die ausserhalb der Welt lebten und halbe Analphabeten waren, hatten keine Möglichkeit zu schreiben. Es war ein tödliches Schweigen, monatelang. Ängste und Kämpfe mit Todesgedanken belagerten die endlos langen Nächte. Was aus dem Gatten der armen verzweifelten Orsola geworden ist, geht aus den Briefen nicht hervor ...

Am 13. Oktober teilt der Grossvater mit, dass er im

August in einer Sägemühle Arbeit gefunden hat. Das Unternehmen sei von Placerville so weit entfernt wie Sonogno von Locarno, ja, eher noch weiter. Dort seien neun Arbeiter beschäftigt, lauter Engländer. Sie arbeiten von 6 Uhr morgens bis 6 Uhr abends, mit einer halben Stunde Mittagessenszeit.

«Diese Sägemühle», schreibt er, «wird mit Feuer betrieben (er meint mit Dampf). Eine einzige Maschine betätigt mehr als dreissig Stück Werkzeug. Um die Mittagszeit brauchen wir uns nur zu Tisch zu setzen. Es gibt hier einen Koch und ein junges Mädchen, das serviert ... Es ist alles da, nur der Wein fehlt.» Die Arbeitskollegen sind wackere Leute. «Sie nennen mich Garibaldi.» – Er war dazu bestimmt, berühmte Namen zu tragen, mein Grossvater; den des Besiegten von Legnano und den des Helden zweier Welten. –

Er muss hart büffeln. Er sagt, «um seinen Taglohn zu verdienen – fünf Franken und die Spesen –, muss man mehr schwitzen als in Italien», als er noch dort war, um den Russ aus den schwarzen Kaminen der Lombardei und des Piemonts zu kratzen. Das Schlimmste ist, dass die Sägemühle in wenigen Tagen geschlossen und erst im Mai wieder eröffnet wird. Der Winter ist sehr hart. Im Oktober schneit es dort wie zu Hause im Januar. Überall Eis, deshalb muss er nach Placerville ziehen und sich andere Arbeit suchen. Es ist die gewohnte herzzerreissende Klage: «An diesem Ort bin ich der einzige Italiener. Das Schlimmste ist, dass ich die andern nicht verstehe, aber ich bleibe aufmerksam ...»

Er, der in seinem Dorf Sindaco gewesen war, musste nun den lieben langen Tag Bretter schleppen, stumm wie ein Fisch, ohne ein Wort! Und die ersten englischen Wörter, die er gelernt haben mag, werden Flüche gewesen sein: *Goddam, sanababic* usw ...

Denen zu Hause rät er, keine Kälber aufzuziehen. «Geniesst die Milch, macht Butter und Käse daraus, lasst die Kinder und Euch selbst nichts entbehren. Wenn ihr kein Geld habt, geht und holt welches.» Er sei bis jetzt noch nicht bezahlt worden, er könne nichts schicken. Gedanken an zu Hause, an die kleinen Kinder, an die gewohnte Arbeit, an die Bäume, den Weinberg, eine ganze verlorene Welt. Er hat auch Augenblicke launiger, dichterischer Anwandlungen. «Die Vögel und die Nachteule werden in Arcoss – einem Ort ausserhalb des Dorfes – ruhiger schlafen; es stört sie nun niemand mehr. Die Leute beklagen sich jetzt nicht mehr, dass man den *Cin* höre, wie er in Arcoss herumpfeife. Aber Ihr habt mir nicht zu wissen getan, ob mein Weinberg, den ich gepfropft habe, ausschlägt.»

Die Briefe brauchten von Placerville nach Mergoscia mehr als einen Monat. Auf den vom 13. Oktober, der am 27. November ankam, antwortet die Mutter am 11. Dezember. Sie schreibt recht gut und gibt Nachricht von zu Hause, von den Ereignissen in der Familie, vom Wetter und der Ernte, von den Toten, den Auswanderern, die nach Kalifornien fahren, und von denen, die aus Australien zurückkommen. Die Gesundheit sei gut, nur die Tochter Margherita mache eine Ausnahme; sie habe seit Mitte Oktober Fieber. Es war das Malariafieber, das aus den Sümpfen und Morasten der Magadino-Ebene bis nach Mergoscia hinaufstieg. Das war ein Unheil, dem erst die berühmte Überschwemmung von 1868 ein Ende machte, welche die Sümpfe ausfüllte und alles einebnete.

Mitte Dezember schickt Barbarossa etwas Geld, so viel er kann, wobei er zwischen Notwendigem und Geschenken genau unterscheidet. Die Söhne sollten später ihrerseits diesem väterlichen Beispiel folgen. «160 Franken für die Erfordernisse im Haus. Euch, Mutter, 5 Franken. Euch, Frau, 5 Franken. Meinen Kindern jedem 4 Franken, das macht zwanzig Franken. Ihr, o Frau, werdet dafür sorgen, dass sie Kleider bekommen ...»

Ende November musste er, wenn auch ungern, die Sägemühle in Placerville verlassen. Er findet nicht sogleich wieder Arbeit. Nur für ein paar Tage bekommt er eine provisorische Beschäftigung. Die Kleider sind sehr teuer. «Wenn Landsleute oder einer meiner Freunde abreisen, schickt mir einen guten Hut, der das Wasser abhält und einen breiten Rand hat. Hier bezahlt man 15 oder 18 Franken für einen Hut, und er taugt nichts.» Diese Bitte sollte erfüllt werden. Es genügt, sich den kalifornischen Regen vorzustellen, in jenem Land, wo wahrscheinlich der Gebrauch eines Regenschirmes denjenigen vorbehalten war, die bei schlechtem Wetter ohnehin zu Hause bleiben konnten ... Er empfiehlt sich dem Gebet der Lieben. «Hier tut man wenig Gutes. Ihr sollt in der Kapelle der Madonna eine Morgenmesse lesen lassen.» Und er beschliesst seinen Brief mit einer ganzen Seite voll Grüssen an Verwandte, Freunde und Feinde.

In der Antwort vom 5. Februar 1868 bestätigt die Frau in mühsamer Schönschrift das Fieber Margheritas. Sie haben die Geschenke verteilt und eine Messe lesen lassen. «Wir haben auch ein Kalb verkauft und haben 32 Franken dafür gekriegt ... Es ist jetzt acht Monate her, seit Ihr abgereist seid, und es scheint uns, als wären es acht Jahre.» Nachdem die arme Frau das – einfache – Blatt Papier vollgekritzelt hat, liest sie das Geschriebene nochmals durch und hat Mühe, ihre eigenen Worte zu entziffern. Demütig fügt sie hinzu: «Diese Zeilen habe ich, Eure Gattin, geschrieben. Wenn Ihr sie lesen könnt, werde ich weitere schreiben ...» – Auch in der Ferne bewahrte Barbarossa das gebieterische Gefühl, der Herr und das Haupt der Familie zu sein. Er sandte genaue Befehle und ordnete die Angelegenheiten des Hauses. Er befahl, seine Briefe mehrmals zu lesen und ihm zu gehorchen. «Plagt Euch gern, damit wir unsere Familie gut erziehen.» – Er empfiehlt der Gattin, langsam zu schreiben. «Ihr sollt Euch dabei nicht beeilen, und nehmt das Papier doppelt, man bezahlt dasselbe Porto dafür.» Auch soll sie das Geld vernünftig ausgeben, denn «es kostet viel Schweiss, bis man es verdient hat». Dann kommt der Frühling, und er ist – nach dem beschäftigungslosen Winter – froh, bald in die Sägemühle zurückkehren zu können. (Brief vom 22. März 1868) Aus einer Nachricht, die ihm ein Fremder überbrachte – und die sich dann als falsch erwies –, erfuhr er, dass seine Kinder sich schon ihr Brot verdienen müssten. Darüber wurde er sehr zornig und dachte an seine eigene verlassene Kindheit: «Ich, der ich meinen Vater nie gekannt habe!»

Seine Frau antwortet ihm im Mai, diesmal auf einem doppelten Briefbogen: Margherita ist noch immer krank. «Diesen Winter hat sie fast nie zur Schule gehen können, und lernt doch so gut.» Schon im Februar haben sie den Hut einem Bulotti anvertraut, der sich nach Kalifornien einschiffte. Sie berichtet über die verschiedenen ausgeführten und noch zu erledigenden Arbeiten und schliesst: «Zerstreitet Euch nie mit jemandem. Ertragt Eure Mühsal gern. Ich muss mich so manchmal, eigentlich mehr als ich es kann, anstrengen, um den andern weniger zu befehlen. Ich lasse alles so hingehen, wenn wir uns nur noch einmal sehen können.»

Am 24. November ist Barbarossa wieder in die Sägemühle zurückgekehrt. Er schickt fünfhundert Franken, einen Teil für die Erfordernisse im Haus, einen Teil für kleine persönliche Geschenke. «Was ich Euch anempfehle, ist, Euch nicht zu quälen und meine Kinder nichts entbehren zu lassen. Kauft ihnen Polenta. Wenn Ihr Einkäufe macht, dann bringt Euch, o Frau, dabei nicht um, indem Ihr alles von Locarno heraufschleppt. Nehmt Euch dafür ein paar Frauen ... Lasst die Kinder nichts entbehren. Sorgt auch für Schuhe und schickt die Kinder zur Schule ... Kauft einem jeden von ihnen etwas zum Anziehen, so werden sie sich an ihren Vater erinnern ...»

Vom Hut weiss er, dass er in San Francisco angekommen ist, jemand wird ihn ihm bringen.

Leider sind die Briefe von zu Hause aus dem Sommer und Herbst 1868 nicht erhalten. Das ist schade, denn sie würden sicher von der grossen Überschwemmung im Oktober berichten. Margherita ist immer noch krank. Das erfährt man aus dem Brief vom 25. April 1869, den der Grossvater von Placerville aus schreibt: «Ich anempfehle Euch, dafür zu sorgen, dass sie gesund wird. Und schickt sie nicht zur Schule, solange sie noch Fieber hat.» Wieder sagt er der Frau, sie solle das Papier nicht sparen. «Wenn Ihr nicht genug habt an einem Blatt, dann nehmt zwei oder anderthalb. Ihr sollt auch nicht alles an einem Tag schreiben. Lasst Euch Zeit, und sorgt dafür, dass Euch die Zeit, in der Ihr mir schreibt, nicht gereut.» Dann kommt ein Winter ohne Arbeit, oder doch beinah ohne Arbeit. In einem Monat wird er in die Sägemühle zurückkehren. Von dort schickt er am 12. September seinen Verdienst nach Hause. «Gebt ihn – obwohl er ein Geschenk ist – vernünftig aus, denn er kostet mich viel Schweiss. Kauft den Kindern Schuhwerk und schickt sie zur Schule. Und Ihr, Mutter, kauft Euch von dem kleinen Geschenk ein Pfund Brot zu Eurem eigenen Bedarf.» Er befiehlt der Frau seine Mutter. «Und begebt Euch wegen eines Arms voll Streu oder Heu nicht in Gefahr, wie man es in vergangenen Tagen tat ... Und wenn Ihr zur Arbeit geht, dann nehmt die Kinder mit, denn etwas können sie immer unternehmen, und lehrt sie, wie man die Arbeit anpackt.»

(Wie viele Leute kamen damals «wegen eines Arms voll Streu oder Heu» in den Bergen um. Sie wurden zu Opfern des «Wildheus». Dieses gehörte der Gemeinde. Wenn man das Mähen freigab, machten sich die Leute mitten in der Nacht mit einem Laternchen auf den Weg, um in aller Frühe an Ort und Stelle zu sein; sie setzten sich irrsinnigen Gefahren aus und liessen keinen einzigen Halm zurück.)

In den Briefen an die Familie ging der Grossvater nicht sehr aus sich heraus. Hier musste er von praktischen Dingen sprechen. Aber in einem Brief an den Schwager vom Juli 1869 beschreibt er die Arbeit ausführlicher und spricht auch von den Gefährten. Doch muss er seinen

Arbeitsplatz gewechselt haben, denn jetzt sind die Gefährten viel zahlreicher, und es sind fünf aus Mergoscia dabei. Folglich ist er nicht mehr zum Schweigen verdammt. «Ich und Luigi arbeiten an unserm alten Platz. Wir nehmen die Bretter aus der Säge heraus, und die andern drei schaffen sie weg und stapeln sie auf. Im Ganzen sind wir 26 Männer. Einige hacken Holz, andere schneiden es, und einige führen das Abfallholz weg. Zu zehn arbeiten wir an der Säge. Die Leute werden mehr oder weniger gut bezahlt. Wir bekommen am wenigsten, weil wir nichts anderes können, als den Esel zu machen. Wir haben keinen eigentlichen Beruf, und daher müssen wir die schwerste Arbeit erledigen und bekommen weniger Lohn als die andern.»

Er sagt, es sei sehr heiss und immer schönes Wetter. Die Entfernung nach Placerville betrage 26 Meilen. Und er fährt fort: «Hier erntet man nichts. Es gibt hier nur eine Menge Haselnüsse, aber es ist kein eigentlicher Wald da. Es gibt auch wenig Weideplätze fürs Vieh. Nur diejenigen Bäume halten stand, die tiefe Wurzeln haben. Unser Meister hat achtzig Ochsen, die müssen die Holzabfälle fortschaffen. Am Tag müssen sie arbeiten, und bei Nacht müssen sie weiden ...

An Lebensmitteln gibt es in Merica Weizenbrot, Fleisch zu allen Mahlzeiten, Bohnen, Kartoffeln, Reis, Kaffee und Tee. Die Speisen sind recht gut zubereitet. Wenn man in eine Osteria essen geht, bezahlt man für eine Mahlzeit einen halben Dollar, das sind ungefähr 2.50 Franken. Wenn man in einer Osteria wohnt, bezahlt man mindestens hundert Franken im Monat. Die Kleider sind leidlich billig. Am teuersten sind die Schuhe;

man bezahlt 20, 25, 30, 35 oder 50 fürs Paar, und kann auf recht elende Ware stossen. Manchmal zerreissen sie schon beim ersten Mal, da man sie trägt.»

Im September 1869 kommt von zu Hause ein kurzer Brief. Die Söhne beginnen, bei der Arbeit mitzuhelfen. Der Dachs hat in Arcoss fast allen Mais gefressen. Dann kommt ein Brief vom 16. November mit ausführlicheren Nachrichten. Die Familie besitzt nun zwei Kühe, eine Ziege und ein Huhn. Die Ernte war mässig. Wein gab es ein wenig in Tropino und ein wenig beim Haus. Alle beklagen sich, es gebe Leute, welche die Wiesen abmähen und das Gras forttragen. Ihnen selber bleiben nichts als die Lasten. An Steuern haben sie eine «Sterlina» bezahlt. Die Frau sagt: «Ich mähe wie ein Mann. Battista beginnt ein wenig mit der Sichel zu mähen und auf die Bäume zu klettern», ein Bub von acht Jahren! Und auch die Brüder möchten gern hinaufsteigen, um Kastanien herunterzuschlagen, die Armen!

Margherita ist zum Glück wieder gesund. Seit vier Monaten ist das Fieber verschwunden. «Wir haben alles angewandt. Wir haben sie sogar nach Re gebracht, und als es Gottes Wille war, ist sie gesund geworden. Die Angelica ist einen Monat lang krank gewesen, aber jetzt ist sie wieder genesen ... Wir müssen viel leiden in dieser Welt.» Das ist die christliche Überzeugung der Armen und auch der elenden Frau, die hinzufügt: «Ich kann nicht schlafen und mich nicht ausruhen, weil ich an alles denken muss ...» Es sind Missionare da gewesen. Ein Padre Paulo predigte bis zu dreimal im Tag. «Und Ihr, der Ihr in Euren Wäldern lebt, vertraut auf Gott!»

Der Grossvater antwortet im März 1870. Er gibt Nachrichten über die Landsleute und sich selbst. Augenblicklich ist er ohne Arbeit, aber es geht ihm gut. Er schreibt Ermahnungen: «Mutter, liebt meine Frau, und Ihr, Frau, liebt meine Mutter und lebt in Frieden und esst die Früchte meines Schweisses nicht in Unfrieden, denn das wäre das grösste Unrecht, das Ihr mir antun könntet.»

Im April schreibt er ganz fröhlich, er habe mit seinen Meistersleuten einen Vertrag abgeschlossen und könne nun das ganze Jahr, Sommer und Winter, in der Sägemühle bleiben. So «habe ich an einem frühen Morgen des ersten Dezember meine Decken auf die Schultern genommen und bin losgezogen». Im März reist er hinunter in der Hoffnung, Briefe von zu Hause vorzufinden. Er findet aber dort keine vor. Man schickt ihn von Pontius zu Pilatus, doch ohne Erfolg. Er wird sehr zornig. «Ich lebe hier mitten in den Wäldern und im Schnee! Wir sind zu zweit, ich und ein Amerikaner.» Bis zum Mai, da seine eigentliche Arbeit wieder anfängt, sind sie allein, so allein wie Klausner. «Hier sieht man im Winter nur Spuren von Hirschen und Bären.» Aber sie haben gute Vorräte, zehn Säcke Weizenmehl fürs Brot, Reis, Bohnen, Fleisch, Kabeljau, Kaffee, Zucker und so weiter; dazu 33 Hähne und Hühner und Katzen. «Ich singe und pfeife alle Tage, ich bin sehr vergnügt. Seid auch ihr es alle ...» Mittlerweile werden die Briefe von zu Hause (einige fehlen) von Margherita geschrieben, die besser mit der Feder umzugehen weiss. Doch der Grossvater wird zornig auf sie, weil «Du und Battista in die Ebene hinausgegangen seid, um Weidenzweige zu holen. Aber ist es denn möglich, Mutter und Frau, dass Ihr kein Geld mehr habt, um einen Mann hinzuschicken, sondern stattdessen zwei Kinder schickt? Ihr tut mir Unrecht ...» Aber dann entgegnen sie ihm, nicht die Margherita, sondern die Mutter und Battista seien in die Ebene hinuntergegangen. «Wir schicken die Kinder nicht allein, denn sie haben keine Erfahrung. Nicht die Kinder sprechen in den Briefen, sondern wir Mütter.»

In den Briefen Barbarossas beginnt der Wunsch aufzutauchen, seine ganze Familie nach Amerika kommen zu lassen. «Wenn ich Euch alle hier im Land hätte, wäre ich sehr froh. Meine Meisterin sagt mir, ich solle Euch alle nach Kalifornien kommen lassen. Und Ihr, Frau, arbeitet nicht so viel und verbringt die Nächte nicht mit Spinnen, sondern ruht Euch aus, denn für einen Familienvater und eine Mutter, wie wir es sind, gilt ein Lebensjahr mehr als 200 Franken Erspartes.»

Auch die andern Kinder beginnen eigenhändig zu unterschreiben und dem Vater Grüsse zu schicken, was diesem viel Freude macht. «Ich bin sehr froh, die Handschrift meiner Kinder zu sehen. Ich ermahne euch, meine Kinder, gehorsam zu sein und euch nicht zu streiten ...»

Am 26. November 1870 schreibt er aus Placerville. Er hat die Sägemühle verlassen müssen, weil er sich an einem Finger der linken Hand verletzt hat. Er ist arbeitslos. «Seit anderthalb Monaten habe ich Feiertage ... Die Arbeit ist rar. Viele suchen Arbeit und es gibt so wenig Arbeitgeber.»

Im Januar antworten sie ihm von zu Hause in der schönen Schrift Margheritas. Sie haben das Geld bekommen und geben ihm Rechenschaft über alles. Sie melden ihm, wie viel sie bei der Bank Franzoni in Locarno deponiert haben. «Legt Euch keine Entbehrungen auf, um uns Unterstützung zukommen lassen zu können. Wir sind zu Hause und haben immer etwas. Ihr aber könnt, wenn Ihr kein Geld in der Tasche habt, nicht leben.» Dies ist genau die Lage dessen, der zwar arm ist, aber ein eigenes Haus besitzt, und dessen, der in die weite Welt hinausgezogen ist. Sie haben eine sehr gute Traubenlese gehabt und besitzen viel und guten Wein. «Kommt, wenn Ihr davon trinken wollt ...» Die Lebensmittel sind billig. Ein Achtel-Scheffel Reis kostet 90 Rappen. Im August und September wüteten Orkane. «Wir leben in einem sehr traurigen Jahrhundert, Gott schlägt uns.»

Vom Mai stammt ein weiterer langer Brief: Sie lassen einige Arbeiten erledigen, nicht nur auf dem Feld, sondern auch im Haus: eine Zimmerdecke, eine Treppe, ein Dach werden repariert. Doch in der Antwort flucht und wettert Barbarossa: «Ich sage Euch, Ihr sollt keine Arbeiten ausführen lassen, ohne es mir vorher mitgeteilt zu haben, denn wenn Ihr es mir erst nachher sagt, dann sagt es mir lieber überhaupt nicht mehr ...» Ein weiterer Brief folgt aus Mergoscia. «Ich bin Eure Tochter Margherita. Lieber Vater, ich tue Euch kund, dass ich fleissig gewesen bin. In der Schule habe ich verschiedene Arbeiten gemacht. Ich habe für Battista ein Hemd genäht, und für mich einen Halskragen und Wadenstrümpfe gestrickt. In einem späteren Jahr will ich Euch ein Hemd nähen, damit Ihr es anziehen könnt, wenn Ihr zurückkommt. Im vergangenen Jahr habe ich als Preis einen Franken bekommen. Und dieses Jahr habe ich als Preis wieder einen Franken bekommen. Meine gute Lehrerin,

Buetti Caterina, stammt aus Orselina. Sie unterrichtet hier schon viele Jahre lang ...»

(Meine Mutter erinnerte sich, dass die Lehrerin – mit was für erstaunten Augen müssen sie sie angeschaut haben! – noch die Krinoline trug, einen weiten, von Reifen gestützten Rock. Und um durch die schmale Türe eintreten zu können, musste sie sie schräg hochheben ...)

«Giuseppino hat ein Bild als Preis bekommen ... Ich bin Eure Tochter Angelica, lieber Vater und tue Euch kund, dass ich in der Schule fleissig war und dass ich einen Preis bekommen habe ... Ich bin Euer kleiner Sohn Battista, lieber Vater, und ich tue Euch kund, dass ich in der Schule fleissig war und als Preis einen Franken bekommen habe. Jetzt gehe ich die Schafe hüten ... Wenn ich gross bin, komme ich nach Kalifornien ...»

Gerührt von diesen lieben Grüssen und stolz darauf, preisgekrönte Kinder zu haben («Ich bin sehr zufrieden, wenn ihr eure Unterschriften unter die Briefe setzt ...»), wünschte Barbarossa in seiner Wald-Einsamkeit, sie wenigstens auf einer Fotografie zu sehen. «Liebste Frau, Ihr sollt mir Euer Bildnis schicken und nehmt zwei Kinder mit. Aber schickt es mir nur, wenn es Euch gut dünkt und gefällt, ich zwinge Euch nicht dazu ...» Wobei er sein gebieterisches finsteres Gesicht und die wirtschaftlichen Sorgen vergass. Wenige Tage später (22. Oktober 1871) schreibt er wegen gewisser komplizierter Angelegenheiten wieder. Er hat es satt, an die andern zu denken. (Es muss sich um Streitsachen aus der Zeit handeln, da er Sindaco war.) Er will, dass die Kinder, sobald sie gross geworden sind, die Welt sehen. «Ich glaube, wenn ich genug Geld beieinanderhabe, kaufe ich hier ein Gut und lasse Euch alle nach Kalifornien kommen.» Dann bittet er wieder um die Fotografie der Frau mit den Kindern. «Und die Mutter soll man im Frühling zusammen mit den drei andern Kindern fotografieren.»

Von zu Hause senden sie ihm im Dezember Nachrichten: die Weinlese sei ordentlich ausgefallen, aber der Wein sei nicht gut. Wenn die Kinder erst einmal gross seien, sollen sie ruhig nach Amerika gehen. «Aber die ganze Familie – niemals, niemals!» Das solle er sich aus dem Kopf schlagen. Im Oktober habe man zur Jahrhundertfeier des ehrwürdigen Padre Bustelli in Vogorno ein Fest gefeiert. Alle seien hingegangen, ausgenommen der kleine Gottardo. (Er war fünf Jahre alt.) Immerfort wanderten Leute nach Amerika aus. Eine Frau sei in Faedo beim Heuen verunglückt. Die Kinder fügen Grüsse bei. Margherita schreibt: «Wenn ich weiss, dass Ihr nach Hause kommt, will ich Euch ein schönes Hemd nähen.» Dann schicken sie ihm die Fotografie, die das Herz des Vaters rührt. Sogleich (am 18. Januar 1872) antwortet er ganz bewegt. Er betrachtet die lieben Gesichter mit Wohlwollen:

«Ich bin sehr zufrieden, Euch so gesund und kräftig zu sehen. Du, Margherita, hältst einen schönen Blumenstrauss in der Hand. Und du, Battista, hast einen schönen Hut mit einem roten Band in der Hand.» Seine Einbildungskraft entzündete sich, und er stellte sich auf der bräunlichen Fotografie von Antonio Rossi sogar die Farben vor, die dort sicher nicht vorhanden waren. Jetzt möchte er ein Bild von seiner Mutter und den drei andern Kindern. Sie sollen im Mai, wenn es wärmer ist, nach Locarno gehen. Und tatsächlich bekommt er das

Bild im August. Mit erneuter Rührung betrachtet er es, und diese ist umso grösser, als er sagt: «An den Gesichtszügen erkenne ich sie nicht. Giuseppe ist sehr gross, und ich möchte gern wissen, ob er lesen und schreiben lernt. Er soll seine Unterschrift unter den Brief setzen, wenn ihr mir schreibt. Er hat einen schönen weissen Hut auf dem Kopf. Die Maria Angiola hat einen schönen Blumenstrauss in der Hand und ein schönes Tuch auf dem Kopf; sie sieht sehr kräftig aus. Sie wirkt schon wie ein junges Mädchen. Der kleine Gottardo hat einen schönen Hut und einen Blumenstrauss. Er ist müde von der Reise und sitzt auf einem Stuhl. Und Ihr, Mutter, seht sehr alt aus; aber ich rate Euch: seid fröhlich und esst und trinkt!»

Er schreibt, für den Winter habe er ein Haus gemietet. «Und ich koche mir mein Essen selber. Wenn das Wetter schön ist, gehe ich an mein Tagewerk, und wenn das Wetter schlecht ist, bleibe ich zu Hause und wärme mich.» Jetzt beginnt er mit dem Gedanken an die Rückkehr zu liebäugeln. «Ich bin nicht nach Kalifornien gefahren, um reich zu werden, sondern nur, um Euch zu erhalten.» Bei den Gedanken an zu Hause, an die Kinder und die Knappheit, und bei den üppigen Mahlzeiten, die er ganz allein in seinem gemieteten Haus verzehren muss, wird der arme Barbarossa ganz gerührt, und als er ein bisschen Geld nach Hause schickt, sagt er: «Ich sende Euch ein Geschenk. Kauft einen halben Scheffel Reis und für fünf Franken Weissbrot, und dann kocht Euch eine gute Mahlzeit und trinkt Wein dazu. Ihr habt mich wissen lassen, dass ihr viel Wein bekommen habt. So seid denn fröhlich miteinander!»

Der Gedanke, in die Heimat zurückzukehren, erweckt in ihm den Wunsch nach Grund und Boden. Er weiss, dass das Gut einer gewissen Familie Campini versteigert werden soll. Er schreibt daher nach Hause, er sei willens, 2200 Franken zu bieten. (Dann aber geht er ohne weiteres bis aufs Doppelte.) Er hat seine Fotografie nach Hause geschickt, und von dort aus schreiben sie ihm am 23. April 1872: «Ihr seid so weiss geworden, dass Ihr es auf den ersten Blick gar nicht mehr zu sein scheint. Aber Ihr habt gesagt, Ihr seiet gesund und wohlauf. Es tröstet uns sehr, wenn wir es sehen.» Immer noch schiffen sich Leute nach Amerika ein, und der eine oder andere kehrt beschämt aus Australien zurück. Der Brief stammt von Margheritas Hand: «Ich habe ihn nachts geschrieben, denn tagsüber muss ich zur Schule gehen.» Er berührt auch eine heikle Frage: Wie hält es der Vater mit der Religion? «Nun seid Ihr schon fünf Jahre in Kalifornien, und habt uns nie mitgeteilt, ob Ihr irgendwo eine Kirche gesehen oder eine Messe gehört habt. Unser Pfarrer predigt immer vom Altar aus, diejenigen, die nach Kalifornien gingen, und besonders die Frauen, verlören ihre Seele. Aber wir glauben, Ihr vergesst Gott nicht, auch wenn Ihr in einem fremden Land lebt, die Heiligen sind auch in der Wüste heilig geworden ...» Hätte sie das doch nie geschrieben, das unvorsichtige Mädchen! Barbarossa, der doch ein paar Jahre vorher noch befohlen hatte, man solle eine Messe lesen lassen, verliert die Geduld und macht sich in einer energischen antiklerikalen Tirade Luft: «Der Pfarrer predigt, diejenigen, welche nach Kalifornien gingen, verlören ihre Seele. Das könnte sehr wohl der Fall sein. Aber sie machen es nicht wie die Priester. Die Priester verzehren den Schweiss der Armen. Diejenigen aber, die nach Amerika gehen, die müssen sich ihr Brot mit dem Schweiss ihrer Stirne verdienen, und manchmal haben sie nicht einmal Zeit, sich den Schweiss vom Gesicht zu wischen. Wenn aber die Priester in die Kirche gehen, dann gehen sie in ihren eigenen Laden! In der Messe bin ich an Ostern in Placerville gewesen ...» Es ist August, und er arbeitet immer noch in der Sägemühle. Die Einsamkeit macht ihn böse. Er ist auch zornig, weil sie ihm von zu Hause geschrieben haben, sie hätten ein Stück Land und einen Baum gekauft: «Ich habe Euch doch geschrieben, Ihr sollet keinen Rappen ausgeben, wenn Ihr ihn sparen könnt. Aber es nützt nichts, es Euch immer wieder zu sagen. Gebt Euch doch Rechenschaft über meine Briefe und lest sie genau ...» Und im Geist wird er sicher irgendeinen amerikanischen Fluch hinzugefügt haben. Auch der Margherita wäscht er den Kopf: «Ich sage Dir, pass besser auf, wenn Du Briefe schreibst. Letztes Jahr hast Du besser geschrieben.» Dabei musste die Ärmste nachts schreiben, und wer weiss bei welcher Beleuchtung! Bei der eines armen Totenlämpchens wahrscheinlich ...

Im Oktober schreiben sie ihm von zu Hause, die Ernte sei karg ausgefallen. In dem Brief klingt ein unzufriedener Ton auf. Und da er ihnen eingeflösst hatte, sie sollten die alte Mutter gut behandeln, antworten sie ihm ganz trocken: «Ihr glaubt wohl, wir essen und sie bekomme nichts. Wir sind der Meinung, dass wir das, was wir haben, Gutes und Trauriges, miteinander auslöffeln ... Und ohne uns vordrängen zu wollen: Wir haben mehr Mühe, mit ihr zusammen zu sein, als sie, mit uns zusammenzuleben.» Nur Eva hat im Lauf der Geschichte keine Schwiegermutter gehabt ... Der Giuseppe – schliesst der Brief – gehe nun schon zwei Jahre zur Schule, aber bisher habe er wenig gelernt; der Vater möge daher Geduld haben ...

Im November (1872) schreibt Barbarossa von Placerville aus und schickt den Ertrag des Sommers. Er empfiehlt, ihn gut auszugeben, «denn er kostete mich viel Schweiss, und um Euch ein Geschenk schicken zu können, habe ich meine Arme tüchtig rühren und es verdienen müssen!» Und doch muss er jetzt seine Arme ruhen lassen, denn er hat keine Arbeit. Der Gedanke, sich nach der Heimat einzuschiffen, tritt immer mehr in den Vordergrund.

Zu Hause danken sie ihm für den Wechsel. Sie haben ihn bei den Herren Franzoni in Locarno einkassiert. Aber sie haben 5.50 Franken bezahlen müssen, und es seien – entgegen dem, was er ihnen gesagt hätte – Spesen damit verbunden gewesen. Worauf er zornig antwortet, die habe er schon selber bezahlt. «Doch das Gesetz machen die andern, und alle wollen sich vom Schweiss der Armen ernähren ...» Sie schreiben ihm, wie viel Tiere sie haben: Zehn Schafe, eine Ziege, zwei Kühe und dazu zwei Bienenstöcke. Im August habe ein mächtiger Sturm gewütet (1872). In zwei oder drei Stunden sei sehr viel Schaden angerichtet worden. Im Dorf, unten bei der Mühle, sei das Wasser bis über die Brücke gestiegen. «In Locarno hat der Wildbach, der von der Madonna del Sasso herunterkommt, die Brücke weggerissen und die ganze Wiese jenseits der Landstrasse bis zum See hinunter überflutet. Er hat Steine mitgeführt, die so gross sind wie Fässer. Es ist ein richtiges Schauspiel, sie zu sehen. Und der Wildbach hat auch die Brücke über die Navegna unten in der Ebene weggerissen. In Magadino hat er Häuser weggeschwemmt und sogar Leute, und allenthalben hört man von dem grossen Unglück.» Kastanien habe es wenig gegeben, die Ernte sei vom Wasser weggeschwemmt worden. Der Wein sei schlecht, nur ein Grad besser als Wasser.

Die Winter in Placerville mussten für den arbeitslosen Barbarossa schrecklich gewesen sein. Er sass da und hatte Kummer. Brot musste er nur wenig zu essen kriegen. Er war allein, wie im ersten Winter, und er schreibt: «Was mir am meisten Verdruss bereitet, ist das Brotbacken. Hier gibt es kein Brot zu kaufen. Jede Familie macht sich ihr Brot selber. Meine Mahlzeiten bestehen aus Brot, Polenta, Käse und Minestra.»

Er empfiehlt den Seinen immer wieder, alles mit Sorgfalt zu behandeln, es den Kindern an nichts mangeln zu lassen, sie zur Schule zu schicken, keine Kälber aufzuziehen. «Macht Käse und Butter für Euch.»

Von zu Hause schreiben sie ihm am 1. April 1873 und beklagen sich über die Waren und die immer steigenden Preise (ausgenommen fürs Korn und den Reis). «Wenn man sich etwas von Locarno heraufbringen lassen will, muss man 60 und 70 Rappen Botenlohn bezahlen. Der Taglohn eines Mannes beträgt mit den Spesen 1 Franken 20.» Sie haben 7 Franken und 13 Rappen Steuern bezahlt. Diese werden jedes Jahr höher. Was das Brot betrifft, «glauben wir gern, dass es Euch Verdruss bereitet. Aber backt nur Brot. Auch wir möchten gern welches essen». Brot war sicher etwas, das äusserst selten auf den Tisch kam. Und dann die Grüsse der Kinder. «Ich bin Eure Tochter Margherita ... Ich bin Eure Tochter Angelica ... Ich grüsse Euch herzlich und bin Euer Sohn Battista ...»

An Steuern müsse er in Amerika 25 Franken bezahlen, antwortet Barbarossa. Und wenn sie Brot essen möchten, dann sollen sie nach Amerika kommen. «Hier werdet Ihr genug Weissbrot kriegen.» Er schreibt, sie sollten die Schwägerin dazu ermutigen, übers Meer zu fahren. «Denn in Amerika ist es besser als in Mergoscia. Hier müssen die Frauen nicht mehr spinnen und keine *Gerla* (Tragkorb) und keine Lasten tragen.» Der Gedanke, die ganze Familie nach Amerika kommen zu lassen, tritt im folgenden Brief wieder stärker in den Vordergrund. Wenn die Söhne im Sinn haben, auszuwandern, sollen sie es lieber gleich tun, das wäre besser für sie. «Ihr müsst wissen, o Frau: Es ist etwas sehr Schlimmes, in einem Land zu wohnen, wo man nicht sprechen kann und niemanden hat. Ich habe es erfahren und sehe die Beispiele. Ich sage Euch, Frau und Kinder und Mutter: in diesem Land ist es besser als in Mergoscia ... Hier werden wir einen Garten kaufen und ein kleines Haus, zwei oder drei Kühe, Hühner! Hier müsst Ihr nicht mehr spinnen und müsst keine Gerla und keine Lasten mehr tragen. Hier müsst Ihr nicht mehr nach Locarno hintergehen und dann, beladen wie ein Maulesel, zurückkehren. Hier bringen sie einem alles ins Haus, und man isst Weissbrot, so viel man will, und Polenta, Minestra und Kartoffeln. Der frühere Meister schenkt mir ein Huhn und einen Hahn, wenn Ihr kommt ...»

Er liebkost einen seiner ländlichen Träume, der Barbarossa! Ein Häuschen und einen Garten und Hühner in einem Land, wo es sich leichter leben liesse, mit all den Seinen bei ihm. So wäre er die Sorge los, sich selber Brot backen zu müssen. Er würde es fertig gebacken vorfinden ... Doch von zu Hause antworten sie ihm kurz: «Wir sollten hier alle unsere Sachen, unsere Nahrungsmittel und unsere Kleider zurücklassen, damit die andern sich darüber freuen, und sollten mit dem Sack auf dem Rücken fortziehen, ohne zu wissen, wohin wir kommen! ... Wenn wir auch bis ans Ende der Welt zögen, so müssten wir doch immer schuften, denn wir besitzen keine Reichtümer, und die braucht man, um nicht mehr arbeiten zu müssen ... Ihr sagt, Euer früherer Meister wolle Euch einen Hahn und ein Huhn schenken! Was für ein zweifränkiges Geschenk will er Euch da machen! Und wenn sie Euch sogar einen schönen Palast und einen Garten schenkten, wir würden dafür danken! ...» Hinter all dem verbirgt sich, um die Weigerung zu würzen, ein wenig Ironie. Das ist eine Droge, die bei uns zu Hause nicht selten gebraucht wird ... Die Ernte war mager, «so dass die Lebensmittel alle für teures Geld von Locarno heraufgebracht werden müssen ... In unserm Kanton bauen sie jetzt eine Eisenbahn, und die soll auch nach Locarno führen. Und in Locarno bauen sie ein sehr grosses Hotel.»

Es ist also nichts mit Kalifornien für alle. Im Januar bekräftigen sie die negativen Gründe. «Wir glauben gern, dass es in Kalifornien schöner zu leben sei als hier, und dass man dort nicht dieses traurige Dasein führt, wie wir hier. Aber wir möchten hier bleiben. Hier sind wir an unsere Arbeit gewöhnt ...» Sie hatten eine Katze, doch ist sie verschwunden. Diesmal fügt sogar Giuseppe seine mühsam geschriebenen Grüsse hinzu.

Barbarossa insistiert wieder: Kommt nach Kalifornien. Und sie entgegnen, nicht ohne ein Körnchen Ironie: «Wenn Ihr wirklich wollt, dass wir kommen, dann holt uns ...» Sie übermitteln Nachrichten aus dem Dorf, von den Arbeiten und vom Haus: «Battista ist krank gewesen. Es hat ihn fest gepackt, aber wir haben gut zu ihm geschaut und sind extra nach Locarno hinuntergegangen, um Medikamente zu holen, und jetzt geht es ihm beinah wieder gut ...» Und sie schildern alles, was passiert: Die alte Strasse sei ganz holprig und voller Schluchten und abschüssiger Stellen. Und sie seien im Laufschritt und wegen der Gesundheit des Knaben mit hochklopfendem Herzen hinuntergeeilt. Und direkt unter der alten Strasse hätten sie die Knochen eines armen jungen Mädchens gefunden, das im vergangenen Sommer verschollen sei. Trockenheit habe geherrscht, alles sei teurer geworden, auch deshalb, weil so viele Leute in Locarno an der Eisenbahn arbeiteten. Und dann die gewohnten Grüsse, von allen und den Kindern: «Ich bin Eure Tochter Angelica» und so weiter. Das sind die letzten Grüsse. Denn im August 1874 überquert Barbarossa den Atlantischen Ozean und kehrt nach sieben Jahren in die Heimat zurück.

Es waren sieben lange und mühevolle Jahre gewesen in der Sägemühle. Im Sommer musste er schwitzen, und im Winter lebte er bei den Bären und Hirschen. Aber viel schlimmer war die Arbeitslosigkeit in Placerville, wo er mit müssigen Händen dasass und fluchend sein tägliches Brot knetete. Nie hat er versucht, seine Lage zu verbessern, sich eine einträglichere und ununterbrochene Beschäftigung zu suchen. Ein wenig geschah dies infolge der Schüchternheit und ein wenig infolge der Unkenntnis der Sprache – ich glaube, englisch radebrechte er nur sehr wenig. Kurz, er blieb an der ersten Stelle, auf die er gestossen war. Nur im letzten Jahr schreibt er, er habe in «der Mine des Deutschen» Arbeit gefunden. Er berichtet aber nicht, welcher Art diese Arbeit war. (Der Onkel Giuseppe arbeitete sogleich nach seiner Landung acht Jahre später bei einem Deutschen als «Goldwäscher». Wahrscheinlich war es derselbe.)

Und so kann man sich denken, dass Barbarossa ebenfalls ein Hälmchen von dem märchenhaften Gold Kaliforniens in die Hand bekommen hat ... Aber er schreibt, bei dieser Arbeit verdiene er noch weniger als in der Sägemühle. Diese blieb sein dauernder Aufenthalt in den sieben Jahren, die er in Amerika verbrachte. Und seine drei Söhne sollten eine harte Lehrzeit durchmachen müssen, denn auch sie schufteten wie Esel in dieser selben Sägemühle, die verloren in den Schluchten der Sierra Nevada lag.

6

BARBAROSSA IN DER
HEIMAT

Als der Grossvater – nachdem er den Atlantischen Ozean nochmals überquert hatte – seinen Fuss wieder auf unser altes Europa setzte und unter viel Mühsal sein Dorf erreichte, eilte ihm keine sichere Ankündigung und kein Brief voraus, welche die Nachricht von seiner bevorstehenden Rückkehr vermittelt hätten. Droben im Ortsteil «Benitt» war niemand zu Hause. Die Mutter, die Gattin und die Kinder hielten sich an verschiedenen Orten draussen bei der Arbeit auf. Vom Dorf lief jemand hin, um die Gattin zu benachrichtigen. Diese wurde von der Kunde, die sie vielleicht mehr fürchtete als erwartete, so erschreckt, dass sie ohnmächtig zu Boden sank. Einige sagen, sie sei von der Erregung überwältigt worden, andere meinen, es sei vor Schreck über das Wiederauftauchen ihres Mannes geschehen.

Wenn man den Barbarossa nach seinen Briefen beurteilen müsste, könnte man meinen, er sei ein besorgter und liebreicher Vater gewesen. In den sieben Jahren in Kalifornien muss er sich – mit seinem spärlichen Englisch und seiner im Grunde genommen heftigen, aber schüchternen Natur – nicht wenig im Zügel gehalten, seine Wut schweigend in sich hineingefressen und den Kopf gesenkt haben. Als er jedoch wieder zu Hause war, wurde er – als Herr inmitten der Seinen – in hohem Masse wieder der Frühere und liess seiner ursprünglichen Sprechweise und seinem Bedürfnis zu herrschen – das auch in seinen Briefen, wenn man diese aufmerksam liest, durchschimmert –, freien Lauf. Nun konnte er dem Zorn, den er so viele Jahre lang zurückgedämmt hatte, die Zügel schiessen lassen. Wenn er aus der Ferne an die Kinder dachte und sich darum kümmerte, dass ihnen ja nichts fehle (Polenta, Schuhe und der Besuch der Schule, wie er es immer wiederholte), so sah er die Dinge aus der Nähe ganz anders. Es war nötiger, sie zur Arbeit anzuhalten und dafür zu sorgen, dass sie ihre Schuldigkeit taten, als sie zu ernähren. Er war aufs Sparen versessen, denn ihn peinigte der Gedanke, die wenigen Ersparnisse, die er in Amerika zurückgelassen hatte, könnten sich in Nichts auflösen. Die französische Bank, bei der er sie angelegt hatte, war im Begriff, den Konkurs zu erklären, und die Hoffnung, etwas retten zu können, war gering. (So sollte ihm denn auch sein Sohn Battista, als er in Amerika angekommen war, schreiben: «Vater, ich sage Euch, Ihr sollt nicht mehr über dieses Geld nachdenken, das Ihr in der französischen Bank angelegt habt, denn es ist alles futsch ...»)

Er verzehrte sich beim Gedanken an den Verlust. Niemand im Hause wagte es, ihm die Stirn zu bieten. Alle schwiegen und hielten den Atem an. Wie oft habe ich meine Mutter sagen gehört: Wenn sie den Klang der genagelten Schuhe des Vaters auf den Stufen des Gässchens hörten, hätten alle gefühlt, wie ihnen das Wort im

Mund gefror, die Kinder sowohl wie auch die Frau und die alte Mutter. Tödliches Schweigen fiel über die dunkle Küche. Alle senkten die Blicke. Und wenn Barbarossa nicht fluchte, war die Stille nur noch grausamer.

Vielleicht störten ihn auch die öffentlichen Verpflichtungen. Er hatte das Amt des Sindaco wieder aufnehmen müssen, das er von 1876 bis 1881 innehatte, und musste sich nun um tausend fremde Dinge kümmern. Er musste unnütz Schuhe und Zeit vergeuden. Und so machte er seinem Herzen zu Hause Luft. Mit Schelten kompensierte er seine schlechte Laune, sein Schweigen und die Wut, die er draussen angehäuft hatte, sowie den Zorn gegen die fernen französischen Bankleute in Kalifornien, und die kargen Jahre dort drüben.

Seine Familie hatte er vollzählig wiederangetroffen: die Mutter, die Frau, drei Knaben und zwei Mädchen. Sieben Münder. Und es kamen noch zwei Kinder nach: Maria im Jahre 1875 (sie wurde später Nonne) und Anna (1880). Der älteste Sohn, Battista, schiffte sich im Herbst 1877 nach Kalifornien ein. Er war sechzehn Jahre alt und konnte die Tyrannei und die bösen Worte des Vaters nicht mehr aushalten. Auch die andern verliessen nach und nach das Haus. Die Mutter starb im Jahre 1881. Ein Jahr später ging der Sohn Giuseppe fort, zwei Jahre darauf Gottardo, im Jahre 1885 die Tochter Angelica. Anno 1890 verheiratete sich die älteste Tochter, Margherita, meine Mutter, und zog nach Minusio. Das Haus wurde leer, wie alle Häuser, mehr als alle andern Häuser ...

Um sich das Leben zu komplizieren, hatte der Grossvater anno 1881 ein kleines Gut in den «Ronchini» von Minusio, oberhalb der Fracce, gekauft, einen Weinberg und ein wenig Wald sowie zwei kleine Häuser. So begann ein andauerndes Umherziehen mit dem Vieh und dem Werkzeug. Man musste auf die Berge, auf die Alp steigen, dann nach Tropino hinuntergehen und hinaus in die «Ronchini». Man musste hinter den sich drängenden Arbeiten und Jahreszeiten herlaufen, hinter dem Heu, dem Obst, dem Weinberg. Alle führten das harte Leben von Nomaden, ohne Rast und Ruh. Im Hause kehrte Schweigen ein. Der Jahre wurden mehr, der Hände weniger, und die Arbeit blieb immer gleich gross. In einem Brief von 1895 schreibt meine Mutter an einen Bruder in Kalifornien: «Gestern habe ich den Vater gesehen, er ist in die ‹Ronchini› gekommen. Die Eltern werden alt und haben Hilfe nötig, und stattdessen haben wir sie, ach! alle verlassen. Dass ich sie verlassen habe, ist mir ein so grosser Kummer, dass ich es gar nicht sagen kann und es auch bisher niemandem gesagt habe, ausser jetzt Dir ... Sie haben sich gequält, so viele Kinder grosszuziehen, und haben jetzt fast nur so viele wie diejenigen, die nie ein Kind aufgezogen haben ...»

Im Jahre 1901 ging die Tochter Maria als Nonne ins Kloster (wo sie 1909 starb). Im Jahre 1911 kam die Grossmutter Mariangela auf tragische Weise ums Leben. Sie war allein zu Hause, muss wohl vor Müdigkeit neben dem Kamin eingeschlafen sein und fiel ins Feuer. Brennend floh sie aus dem Haus und wälzte sich im Gras der kleinen Wiese hinter dem Haus, wo man sie, entsetzlich entstellt, tot auffand. Die arme, schweigsame und neben dem mürrischen Mann ganz bedeutungslos gewordene Frau, mit der Tochter, die ins Kloster gegangen und dann gestorben war, und den Söhnen, die in die Fremde gezogen waren – sie weinte vor Rührung, wenn man ihr die Briefe ihrer Söhne vorlas ...

Es gibt einen schrecklichen Brief (1884) des Onkels Battista, der nur zu viel Licht auf die Atmosphäre des Hauses und auf das Leben wirft, das die Familie unter Barbarossa erdulden musste. Battista war schon sieben Jahre in Kalifornien und schuftete auf den «Ranches». Seine Gesundheit war nicht die beste. Der Vater hatte ihm mitgeteilt, er benehme sich schlecht, schreibe nie und schicke kein Geld. Da steigt in dem Jungen die ganze Bitterkeit der Jahre in Mergoscia auf, er greift zur Feder und leert seinen Kropf.

«Ich will Euch jetzt etwas erklären. Vielleicht schickt es sich nicht so recht für einen Sohn, so an seinen Vater zu schreiben. Aber es ist besser, es einmal auszusprechen, als heimlich immer daran zu denken. Entschuldigt, wenn ich zu viel sage. Allein, es ist alles wahr, und ich habe viel darüber nachgedacht. Ihr seid zwei Jahre vor meiner Abreise nach Hause gekommen. Ich gedenke, mein Leben hier zu beschliessen und mich, so gut es geht, durchzuschlagen. Ich habe Euren Befehlen immer gehorcht, habe immer, soweit es in meinen Kräften stand, getan, was Ihr mir befohlen habt. Ich habe Euch nie böse Worte gegeben, habe Euch nie misshandelt, habe Euch nie Verdruss bereitet. Kurz, ich habe mich als braver Sohn betragen, bis ich von zu Hause fortgezogen bin. Doch dann hat der Unwille sich mir auf den Magen gelegt und da sitzt er noch immer. Lieber Vater, ich schäme mich beinah, Euch dies alles zu sagen. Aber jetzt ist es so weit, und ich kann nicht mehr an mich halten.

Ihr seid im Monat August nach Hause gekommen. Ihr seid mit den Euren zwei oder drei Wochen lang nett gewesen. Dann aber seid Ihr mit Eurer Familie umgesprungen wie der barbarischste Mensch der Welt. Wochen verstrichen, ohne dass Ihr mit Eurer Familie ein Wort gesprochen habt. Es war, als seien wir alle die grössten Feinde, die Ihr auf dieser Welt hattet. Und wenn wir Euch um etwas baten, bekamen wir Antworten, wie ein Vater sie den Seinen nicht geben sollte. Immer habt Ihr uns beschuldigt, wir ässen zu viel; als ob wir lauter Nichtstuer gewesen wären. Ich glaube, wir haben, nachdem Ihr zurückgekehrt waret, nie auch nur *eine* Mahlzeit in Eintracht verzehren können. Immer sagtet Ihr, wir seien Faulenzer und ässen das auf, was Ihr in Kalifornien mühsam erworben hättet. Ich glaube nicht, dass es im Dorf eine Familie gab, die in der verfügbaren Zeit so viel arbeitete wie die Eure. Es wird einmal eine Zeit kommen, da werdet Ihr es jemandem sagen müssen, aber dann wird es, wie das Sprichwort sagt, zu spät sein.

Lieber Vater, ich sage Euch, ich habe manches Mal geweint, wenn ich an das dachte, was wir unter Euch erleben mussten, nicht nur ich allein, sondern alle, und besonders unsere liebe Mutter, die immer gearbeitet hat, als Ihr in jenen fernen Ländern weiltet, die stets darauf aus war, einen Fünfer zu sparen, wenn sie konnte, und die oft gelitten und sich dabei ihr Leben ruiniert hat, sodass sie aussah wie sechzig, als ich noch zu Hause war. Und dann wurde sie misshandelt. Ich habe es erlebt, und vielleicht kommt es jetzt noch vor. Ich glaube, wenn Ihr nicht zurückgekommen wäret, hätte es nicht schlimmer sein können. Es ist besser, ich sage Euch das alles, denn es bereitet mir Unwillen, und den werde ich bis ins Grab nicht los ...

Schaut zu, dass Ihr mit den Euren zu Hause gut seid. Denn sonst gehen sie alle fort, und Ihr werdet alt. Gebt Euch Mühe, unserer Mutter zum Trost zu gereichen. Schaut zu, dass Ihr allen und besonders denen zu Hause Gutes tut. Kurz – betragt Euch wie ein richtiger Vater, dann werdet Ihr glücklich sterben können und werdet Euren Kindern ein Trost sein, und sie werden Euch in Eurem Alter ihre Hilfe angedeihen lassen ...

Entschuldigt, wenn ich zu viel sage. Doch wenn Ihr mich nicht entschuldigen könnt, bleibt sich doch alles gleich. Ich werde immer Euer Sohn sein und werde immer den Hut vor Euch ziehen. Die ganze Familie soll diesen Brief lesen und entscheiden, ob er für einen Sohn zu viel aussagt. Mit Tränen in den Augen grüsse ich Euch alle und bin Euer Sohn und Bruder ... Lebt wohl, alle meine Lieben, denn ich glaube, ich werde Euch nie mehr wiedersehen. Empfanget daher einen Kuss von mir, denn wenn ich schon hart bin, so hab ich doch ein weiches Herz. Lebt wohl, besonders Ihr, liebe Mutter. Ich liebe Euch von Herzen bis ins Grab. Denkt nicht schlecht von mir. Wir werden in der andern Welt glücklich sein.»

Vier Jahre später antwortet er auf eine Bitte des Vaters um Beihilfe. Er schreibt von Diamond Spring aus, in der Sägemühle, wo schon der Vater hart gearbeitet hatte: «Es ist meine Pflicht, Euch Beihilfe zu leisten. Aber ich glaube nicht, dass es Eure Pflicht ist, mir zu sagen, Ihr seiet in dieses Land hier gezogen, um mich zur Schule schicken zu können. Ich erinnere mich: Als ich zehn Jahre alt war, musste ich Gras mähen wie ein Mann und arbeiten wie ein Hund, das ganze Jahr hindurch. Und ich glaube, ich habe mir damals mein Brot verdient, ja, vielleicht noch mehr als das ...»

Auch er muss nicht einfach veranlagt gewesen sein, dieser mein Onkel Battista. Und gewiss tut es mir leid, dass diese bittern Briefe nun veröffentlicht werden, die mit rauer Klarheit das damalige Leben beleuchten, besonders unter einem Vater, wie Barbarossa einer war ...

Er hatte einen schwierigen Charakter, der Battista. Aber sogar der Onkel Giuseppe – der eine gute Seele war, wie es nur je eine gegeben hat –, selbst er rührt, wenn auch mit sorgsamer Bescheidenheit, an diese schmerzlichen Ereignisse. Er schreibt nach Hause: «Lebt in Frieden, respektiert einer den andern, die Eltern als Eltern, und die Söhne als Söhne. Geratet nicht immer gleich in Zorn. Auch wenn manchmal nicht alles geht, wie es gehen sollte, muss man nicht sogleich ungeduldig werden.» Und wenig später versucht er es noch einmal: «Lebt in Frieden und Eintracht. Jetzt kostet die Polenta nicht mehr so viel wie einst. Ihr könnt daher ruhiger sein. Es ist nicht nötig, dass Ihr, Vater, die Mutter und die Kinder immer tadelt. Ich habe in Mergoscia viele Familien gesehen, die weit ärmer waren als wir, und doch betrugen sie sich nicht wie Ihr, wenigstens nicht, wie Ihr es einst tatet, immer voll Ingrimm und immer so, als wäre die Frau schuld daran, wenn die Dinge nicht so gut gingen, wie sie hätten gehen sollen. Denkt daran, dass mit dem Mass, mit dem wir die andern messen, auch wir einst gemessen werden.»

Und auch der Onkel Gottardo empfiehlt, als er nach

einigen Jahren aus Kalifornien fünfzig Franken nach Hause schickt: «Kauft Euch etwas zu essen und leidet nicht Hunger. Lebt in Frieden und Eintracht, dann könnt Ihr zehn Jahre länger leben. Übt Nachsicht, einer mit dem andern. Es ist besser, in Frieden zu leben, als immer erzürnt zu sein. Wenn Ihr Geld nötig habt, dann schreibt mir ...»

Traurige Hinweise auf ein Dasein, das recht hart und unerträglich gewesen sein muss, unter dem jähzornigen und tyrannischen Mann, der den Kindern das Brot karg zubemass und dafür der Madonna eine goldene Kette kaufte. Man begreift, dass die Söhne das Haus verliessen. Sie mussten sich müde arbeiten, mussten fasten und sich dann als Nichtstuer behandelt sehen. Mein Grossvater war aus Widersprüchen zusammengesetzt. Er war besorgt um die Familie, als er aus Diamond Spring schrieb und sich den Bissen vom Mund absparte, um Geld nach Hause schicken zu können. Doch als er wieder zu Hause war, betrug er sich wie ein Raubart. Allein, es war nicht nur sein Fehler. Es war, wenn man so sagen kann, eine prospektive, sentimentale Deformation, ein Fluch, der auf seinem Charakter lastete. Aus der Ferne öffnet sich das Herz und verströmt sich. In der Nähe verschliesst es sich, aus einer Art absurder Scham, ja, fast instinktiver Verteidigung jeder Herzensergiessung. Er hat Angst, sich als schwach zu erweisen. Solche Menschen sind dazu gemacht, abgesondert zu leben, keine Kontakte anzuknüpfen.

Doch war der Grossvater Rusconi trotzdem ein Mann von unzweifelhaftem Wert. Ausserhalb des Hauses, wenn er sich mit den öffentlichen Interessen, mit der Gemeinde oder den Persönlichkeiten im Dorf abgab, war er immer voll Verbindlichkeit. Er lief – für den Taglohn von einem Franken – nach rechts und links, und nutzte bei diesen Wanderungen über alle Berge seine Schuhe ab. Dort draussen diskutierte er mit den harten Köpfen von Brione und Minusio über das weite Gelände der «drei Gemeinden», das man damals aufteilen sollte, das man aber auch jetzt noch nicht aufgeteilt hat. Und dann waren da: der Kirchgemeinderat und die Gemeindekasse, Ämter überall und ohne Ende. «Ich gebe mir fast mehr Mühe, zu verlieren, als zu verdienen», schrieb er einem Sohn und schloss damit ironisch die lange Liste der Ämter, die er sich aufgeladen hatte. Er war Gemeindesachverständiger, Präsident der Dorfältesten und so weiter. Ausserhalb des Hauses war er ein verständiger Mann und Ratgeber. Und er hatte geschickte Hände für tausenderlei Handwerk. Wie viel Steine und Dachplatten mögen durch seine Hände gegangen sein, wenn er Trockenmauern errichtete und auf den Bergen Häuser und Ställe baute und Dächer deckte! Die Steine wurden von Frauen und Knaben auf dem Rücken hinaufgetragen, und die Schultern bluteten und es tat weh, wenn man den Rücken gerade streckte. Wie viele Bäume mag er gefällt und zurechtgesägt haben, um Balken und Schindeln herzustellen. Und wie viele Bäume mag er mit seinen Händen gepflanzt haben! Auf dem Monte di Lego gedeiht eine herrliche Buche und spendet einem Häuschen immer dichteren Schatten. Die Buche wurde von ihm gepflanzt. Das Häuschen hat er mit seinen Händen gebaut, die in mancherlei Handwerk erfahren waren, wie dies ein Bergbewohner notwendigerweise können muss, denn er ist oft gezwungen, sich selber zu helfen, und muss tausend Dinge besorgen können. Er muss Weinbauer sein, Älpler, Maurer und Metzger, wenn man die Schweine schlachtet, oder wenn ein Tier in eine Schlucht stürzt und zerschmettert dort liegen bleibt. Er muss bereit sein, überall Hand anzulegen, immer im Kampf mit der kargen Zeit. Es ist eine grausame Forderung, dass man sich eigentlich vierteilen sollte, damit das Haus gedeihe. Man muss dem Verhängnis der weit zerstreuten Dinge nachlaufen, von den Schluchten des Flusses bis hinauf auf die Alp, und immer im Laufschritt.

Vor der Haustüre befand sich eine roh gezimmerte Hobelbank und das dazugehörige Werkzeug: Hobel, Hämmer und Zangen. Und ich besitze noch jetzt einen riesigen Maurerhammer, der dem Grossvater gehörte. Wenn man ihn heute den Maurern in die Hände gibt, lachen sie und sagen, er sei zu schwer.

Nicht, dass er arm gewesen wäre, besonders wenn man die elenden Bedingungen der Leute von damals in Betracht zieht. Aus einem Buchhaltungsheft geht hervor, dass er, kaum aus Kalifornien zurückgekehrt, kleine Summen auslieh: einer Witwe einen *Scudo,* damit sie sich Schuhe kaufen konnte; einem jungen Mann, der abreiste, zehn Franken, damit er sich ein «Tier» kaufen konnte (so nannte man – als Umschreibung – das Ferkel. Das «Vieh» war eine Bezeichnung, die dem Rindvieh vorbehalten war). Und so weiter. Er handelte ein wenig mit Geld, aber es war ein Tropfen auf einen heissen Stein ...

Er besass einen gewissen Sinn für Geschichte, für die Vergangenheit; die Daten an einer Kapelle, auf dem Tragbalken eines Stalles, überhaupt Jahreszahlen interessierten ihn leidenschaftlich. Er widersetzte sich der Zerstörung, dem Auslöschen der Zeichen der Vergangenheit. Er war schüchtern und immer vom Gedanken gequält, er könnte jemanden belästigen. Und doch besass er seinen Stolz und seine Eitelkeiten. Eines der grossen Ereignisse seines Lebens war – er erinnerte sich gerne daran – eine politische Versammlung draussen in der Roccabella, im Landhaus des Rinaldo Simen. Der Staatsmann hatte ihn erkannt, hatte ihm die Hand gedrückt und ihn herzlich begrüsst: «Wie geht's, Rusconi.» Dies war eine unvergessliche Ehre, der Lohn für seine liberale Treue gewesen. Und einmal, als er nach Morbio Inferiore hinuntergegangen war, um den Monsignore Noseda zu besuchen (der kurze Zeit – 1892–1895 – Pfarrer in Mergoscia gewesen war), hatten sie ihn am Abend in sein Zimmer geführt; doch am Morgen hatten sie das Bett unberührt gefunden. Der rücksichtsvolle Barbarossa hatte den Mut nicht gehabt, sich hineinzulegen; er hatte auf dem Fussboden geschlafen ...

An die Grossmutter erinnere ich mich nur wenig. Was am eindrücklichsten haften blieb, ist das betroffene Schweigen der Leute, im Hof des Hauses, als man sie, vom Feuer grässlich entstellt, tot aufgefunden hatte, und der rasende Schmerz meiner Mutter. An die Grossmutter erinnere ich mich kaum. Sie sass droben in den «Ronchini» neben dem Herd und spann. Um immer den Mund voll Speichel zu haben, kaute sie eine getrocknete

Kastanie. Was für ein schöner Herd das war! Und was für eine warme Küche! Es roch nach trockenem Holz und nach Stall. Das Vieh, das darunter im Stall stand, sandte seine freundliche Wärme herauf. Dort gab es auch einen Backtrog, in dem man früher vielleicht Teig knetete. Es war dies ein Gegenstand, der mir grossartig vorkam und der ebenfalls Wärme verbreitete. Das Feuer dort oben dünkte mich glühender und schöner. Um es zu schüren, gab es dort ein gelochtes Rohr, in das man hineinblies, worauf die Flamme steil emporstieg. Auch das war ein Vergnügen. Es war ein schöner Ort voller Sonne. Selbst im Winter blühten Veilchen zwischen dem vergilbten Gras. Dort wohnte man im Winter mit dem Vieh. Der Grossvater brachte den Kühen, wenn sie gemolken waren, zu trinken und pfiff leise. (Als Einzelgänger, der er war, pfiff er immer leise zwischen den Zähnen.) Und dieses Pfeifen besass die magische Macht, das Vieh zu veranlassen, das speichelnasse Maul, selbst wenn es nicht durstig war, ins Wasser zu tauchen. Sogar der Schaum der frischgemolkenen Milch kam mir dort oben sanfter vor. Man schöpfte ihn noch warm mit einem löffelförmig zurechtgebogenen Kastanienblatt. Es war ein festlicher Leckerbissen, wenn man die getrockneten und gekochten Kastanien in eine Schüssel voll Rahm legte. Der weisse Rahm färbte sich braun. Nie habe ich wieder etwas so Gutes gegessen.

Die Söhne schrieben aus Amerika nach Hause, man solle alles in Mergoscia verkaufen und sich nach den «Ronchini» zurückziehen, damit das Leben ein bisschen angenehmer würde. Doch das war in den Wind gesprochen. Der Bergler ist nie damit einverstanden, sich von seiner Habe zu trennen, er möchte seinen Besitz lieber vergrössern. Der Traum von einem behaglichen Leben, von einem «Rentnerdasein» kommt ihm gar nicht in den Sinn.

Das kleine Gütchen «Ronchini» sollte, nach dem Tod der Grosseltern, meiner Mutter gehören. Aber kurz darauf verkauften sie es «für ein Butterbrot», wie sie sagten. Die Eltern waren nun alt und müde, sie konnten sich nicht mehr darum kümmern. Auch von den Söhnen war keiner geneigt, als Bauer zu leben und die Tradition des Hauses aufrechtzuerhalten. Es kam zur Auflösung, zum Zerfall einer Familie, die nicht mehr verbunden war mit der Kontinuität eines Berufes, einer Bedingung. Es vollzog sich eine Veränderung des Lebens, die zu plötzlich und vielleicht allzu einschneidend war.

An den Grossvater habe ich eine recht lebhafte, aber späte Erinnerung. Damals hatte der alte Löwe die Krallen schon verloren, und die Zähne waren ihm ausgefallen.

Dennoch ist er eine Persönlichkeit aus meiner Kindheit. Mir ist, ich sehe ihn noch ganz langsam mit seinem fellenen Sack den Zickzackweg vom Weinberg, draussen an den Fracce vorbei, herunterkommen. Er kam uns oft besuchen, wenn er sich in den «Ronchini» aufhielt, und half uns ein bisschen bei der Weinlese. Bei uns wurde er immer gut aufgenommen und hielt sich auch gern in unserer Familie auf. Er war sanft, scheu und rücksichtsvoll. Uns Enkel siezte er. Er war dürr wie ein Nagel, hielt sich sehr gerade, war knochig und trug immer ein rotes Tuch um den Hals. Sein Bart war nun dünn und farblos geworden, er war nur noch ein bisschen rötlich. Sein

Hemd war meist aus hellblauem gestreiftem Leinenzeug, und er trug einen schwarzen runden Hut. Die Hand pflegte er in den Ausschnitt des Rockes zu stecken. Er trug nie Strümpfe, sondern umwickelte sich die Füsse mit Kattunlappen und stieg so in seine sehr harten Schuhe. Er war alt und gedemütigt. Ich glaube nicht, dass die beiden, nach dem Tod der Grossmutter zurückgebliebenen Söhne ihn mit grosser Rücksicht behandelten. Deshalb wohnte er meist allein. In Tropino schaute er zum Weinberg, oder er lebte in den «Ronchini» oder droben auf den Bergen. Er war äusserst sparsam. Es war schwierig, ihn zum Annehmen von etwas zu bewegen; er nahm höchstens ein Tröpfchen Kaffee, ein Glas Wein. Sein bisschen Essen kochte er sich selber, wie er es in Kalifornien gelernt hatte. Man erzählt sich von ihm – doch das ist ein sehr bekanntes und weit verbreitetes Geschichtlein –, dass er einen Apfel immer erst dann ass, wenn er zu faulen begann. So gab er einem andern Apfel Zeit, ebenfalls zu faulen, und ass sie alle verfault. Aber ich erinnere mich, dass er die Feigen zum Trocknen auf einen Rost legte. Wenn sie bei regnerischem Wetter schimmlig zu werden begannen, legte er sie in die Kastanien-Bratpfanne und stellte sie aufs Feuer, damit sie erhalten blieben. Den Kaffeesatz gebrauchte er mehrere Male. Sie erzählen, er sei ein bisschen vom Gedanken besessen gewesen, hungers sterben zu müssen, und im Elend zu enden ...

Kurz bevor er starb, war er bei einer meiner Schwestern zum Essen eingeladen. Da sagte er, er sei es müde, weiterzumachen, er wünsche sich eine Schaufel voll Erde auf den Kopf. Er kostete kleine selbstgebackene Kuchen und murmelte: «Es sollte nicht erlaubt sein, etwas so Gutes zu essen.»

Dies ist fürwahr so etwas wie eine Maxime seines geistigen Vermächtnisses, der Schluss seines harten und korrekten Lebens, die Verherrlichung des Verzichtes, der Kasteiung. Er starb im Jahre 1923 im Alter von 92 Jahren.

So erinnere ich mich an den Grossvater Barbarossa. Und es tut mir leid, dass die Erinnerung jetzt von der Bitterkeit der Söhne getrübt ist, die ihm von Amerika aus schrieben und ihn ermahnten, weniger hart, weniger gehässig und menschlicher zu sein. Und von einer bittern Anspielung meiner Mutter, die wiederholt sagte: «Rote gibt es wenige, aber es wäre gut, wenn es noch weniger gäbe!»

7

DIE ONKEL
IN KALIFORNIEN

Der Onkel Battista

Der Einzige, der dem Grossvater die Stirn hätte bieten können, war der Onkel Battista, und er zog mit sechzehn Jahren nach Kalifornien. Er wanderte als Erster aus und sollte nicht mehr zurückkehren. Er ist wahrscheinlich derjenige, der die härtesten Anfänge zu bestehen hatte – so jung wie er war –, der aber materiell das grösste Vermögen erwarb.

Die ersten Briefe lassen einen nicht vorgetäuschten Schmerz, ein mühevolles Leben und eine kümmerliche Gesundheit ahnen. Er kam im Oktober 1877 in San Francisco an und schreibt von einem «Fest», einem grossen Bankett, das er mit siebenundzwanzig Landsleuten aus Mergoscia in der Herberge des Gio Bulotti erlebte. Sogleich übermittelt er auch die erste Frucht seiner Erfahrungen: «Brüder, lernt, solange es Zeit ist, denn Bildung ist das Notwendigste, wenn man in der Welt vorankommen will.»

Zunächst findet er Arbeit in San Rafael, auf der Ranch eines Mannes aus dem Valmaggia. Die Arbeit ist rar, und man muss mit wenigem zufrieden sein. «Aber es ist immerhin besser, als in unsern verfluchten Dörfern, wo man das ganze liebe lange Jahr arbeitet, um dann am Ende nur ein bisschen Heu zu haben, mit dem man zwei Ziegen ernähren kann, die schliesslich auch noch krepieren.» Er beklagt sich über seine Unkenntnis der Sprache, was ein riesiges Hindernis sei. Er rät dem Vater ab, zurückzukehren; höchstens die Schwestern sollen kommen. Aber alle sollen es halten, wie sie wollen. Und was die französische Bank betrifft, so soll der Vater sich zufriedengeben. «Seit ich in diesem Land bin» – er war seit einem Jahr dort –, «habe ich nie mehr Glocken läuten gehört, das kann man wohl sagen, doch ist es mir wohler so. Kalifornien ist nicht der richtige Ort, um Gutes zu tun.» Der Ausdruck ‹Gutes tun› hat hier eine besondere religiöse Bedeutung, er meint: Frömmigkeit, zur Kirche gehen und so weiter. Wenn man von einem sagt: «Dieses Jahr hat er Gutes getan oder auch nicht», dann bedeutet dies, er hat Ostern gefeiert oder nicht gefeiert, lauter Dinge, die einer dort drüben in jenen Ländern nur in der Stadt praktizieren konnte, und nicht in der wüsten Einöde der Felder.

Noch im April 1879 quält er sich damit ab, zwanzig Kühe zu melken, «die einen ein wenig mehr als in unsern Dörfern zum Schwitzen bringen, bevor man fertig ist». Es ist eine Arbeit, die ihm nicht gefällt. Aber er beklagt sich nicht. «Der ist ein Dummkopf, der nicht herkommt», schreibt er, und schwört, er werde nie zurückkehren. Dann aber fügt er hinzu: «Bevor man tot ist, weiss man nicht, wie alles enden wird; vielleicht ertrinkt man in einem Löffel voll Wasser. – Wenn Ihr das Schwein geschlachtet habt, dann esst es in Frieden und Eintracht, und macht es nicht so, wie damals, als ich noch bei Euch war ...», schreibt er, und fügt noch andere harte Wahrheiten hinzu. Er nahm kein Blatt vor den Mund und empfahl den andern, sich gegenseitig nichts übel zu nehmen. Er schreibt dem Bruder Giuseppe, er möge kommen, auch wenn es drüben hart sei. «Es ist immer noch besser, als auf und ab zu wandern, von Tropino nach Arcoss, denn dies sind trostlose Dörfer, die für die Füchse gut genug sind.» Er empfiehlt dem Vater, sein Amt als Sindaco niederzulegen, denn das sei etwas, «bei dem man sich vor Wut verzehren könne». Und er kannte die bittern Folgen, die sich aus dieser Wut ergaben.

Mit seiner Gesundheit steht es nicht zum Besten, und er denkt daran, die mörderische Arbeit eines Melkers niederzulegen. Er ist müde, «aber es bleibt immer noch Hoffnung, bis zum Tod». Gewiss musste es hart sein, dieses anstrengende und einsame Leben! Es gibt einen sehr traurigen Brief vom Weihnachtsabend 1880. Er ist kränklich. Er hat vierzehn Tage lang Fieber gehabt. Seit einem Monat regnet es unaufhörlich. Der Meister ist fortgegangen, um zu feiern. Und ob man nun krank ist oder nicht, die Arbeit muss getan werden, man muss kochen und sich fortschleppen. Gedanken an zu Hause tauchen auf, Melancholie. Sie haben ihm geschrieben, er solle heimkommen, wenn es mit der Gesundheit nicht zum Besten stehe. Aber er schreibt: «Wenn man stirbt, gibt es auch in diesem Land Erde genug.» Dann kommen ihm Gedanken an Religion, die abgelehnt werden, wobei er jene antiklerikale Ader zeigt, die wir schon erwähnt haben: «Man hofft auf Gott, wie die heiligen Väter sagen, wenn all das wahr ist. Es gibt nicht viel, was man glauben könnte. Das alles sind Dinge, die wir immer nur von andern gehört haben, und diese nochmals von andern. So kann niemand die Wahrheit wissen. Entschuldigt, aber in diesem Land hier glaubt man nicht viel. Ich habe in der Zeitung gelesen, dass Ihr in Mergoscia einen Priester habt, der mehr Lohn verlangt ... Lasst ihn gehen. Es gibt andere. Und wenn Ihr keinen bekommt, dann lebt eben ohne Priester. Es ist besser, für das Geld Salz zu kaufen ... Auch hier machen wir es so. Wir leben ohne Kirche und ohne Priester. Das sind arme Kerle, die sich von den Frauen an der Nase herumführen lassen!» Bei ihm lebte nach Jahrhunderten jene Aversion gegen die Priester wieder auf, welche die Bewohner von Mergoscia im 16. Jahrhundert praktizierten, und zwar noch verstärkt vom amerikanischen Positivismus. Der traurige Brief endet mit Grüssen an alle und – da er kein Briefpapier mehr hat – mit einem Nachwort auf einem Zettel: «Ich kann nicht mehr schreiben, ich bin schläfrig. Es regnet, und der Wind weht sehr stark.»

Im September 1881 kommt ein Brief aus Placerville: Battista hat die Ranch verlassen. Er ist zu den frühern Arbeitgebern des Vaters gezogen, die ihn herzlich aufgenommen haben, «besser als all meine Landsleute, obwohl sie nicht aus unserem Land stammen ...». Er schreibt an einem Feiertag, der zu Ehren des Begräbnisses des Präsidenten J. A. Garfield abgehalten wurde. Dieser war von einem halb verrückten Franzosen verwundet worden, er soll tagelang mit einer Kugel im Herzen weitergelebt haben. Battista hat Landsleute gesehen, unter andern einen Verwandten, «meinen Onkel Giuseppe Perini. Der Ärmste sieht wahrhaftig aus wie ein Eingeborener, er erregt Mitleid. Ich weiss nicht, ob er kein Geld hat oder was los ist. Er arbeitet auf eigene Rechnung und tut nichts. Was nützt ihm sein Studium, und alles, was er sich mit Müh und Not angeeignet hat?» Es musste ein Bruder seiner Mutter sein, eine Gestalt, die man nicht vergisst: Der Auswanderer im Elend, mit einem Sack bekleidet. Und in einem darauffolgenden Brief spricht Battista von einem andern Landsmann, der immer betrunken ist. «Nun, da er sein Geld verloren hat, tut es ihm mehr leid um das verlorene Geld, als um den Tod zweier Kinder. Was für Leute gibt es doch auf dieser Welt!» Der Reihe von Auswanderern müsste man noch den Heimgekehrten beifügen, der seine amerikanischen Erfahrungen lachend so zusammenfasste: «Dreissig Jahre Amerika – dreissig Jahre Elend!» Aber er hatte trotzdem den Humor nicht verloren und begnügte sich mit einer Schnitte Polenta und einem Glas Wein.

Doch in Placerville fehlt es an Arbeit. Battista nimmt sich vor – sobald der Winter mit seiner Kälte und dem Schnee und der Arbeitslosigkeit vorbei wäre –, in die Sägemühle zu gehen, wo der Vater früher gearbeitet hat.

Der Bruder Giuseppe gesellt sich zu ihm, und die beiden suchen die früheren Meistersleute des Vaters auf: «Sie fragen immer nach Euch und hoffen stets, Euch noch einmal in diesem Land hier zu sehen. Ich aber sagte ihnen, ich glaube nicht, dass Ihr nochmals kommen werdet. Sie erzählen, Ihr seiet ein sehr arbeitsamer, ein braver Mann gewesen. Besonders die Frau sagt, sie würde sich freuen, den Mister Rusconi noch einmal in ihrem Land zu sehen ...»

Dann folgen Briefe mit dunklen Anspielungen auf Verleumdungen und Klatsch wegen eines Mädchens, mit dem er gesprochen hatte. «Ich bin so verzweifelt, dass ich mich am liebsten in eine Schlucht stürzen würde, wie viele es aus solchen Gründen tun.»

Dann schweigt er mehrere Jahre. Die Alten schreiben ihm betrübte Briefe, sie ermahnen ihn, zu antworten. Der Bruder Giuseppe teilt mit, Battista habe seine Liebe zum Land verloren. Dann aber, im März 1887, kommt ein langer, liebevoller Brief, voller Selbstanklagen und Entschuldigungen. Er gibt seiner Jugend die Schuld, bittet den Vater und die Mutter um Verzeihung. Der Brief ist in einem so zärtlichen Ton gehalten, dass man Battista nicht wiedererkennt. Doch dann begreift man, weshalb er so schreibt. Er ist verliebt und bittet die Eltern um ihre Meinung oder besser um die Einwilligung zur Heirat mit einem amerikanischen Mädchen, Sara Kane. Er will einen so wichtigen Schritt nicht ohne die Einwilligung der Eltern tun. Eine weitere Neuigkeit: Er ist Freimaurer geworden.

Im Dezember folgt wiederum eine lange Botschaft. Er spricht von sich und seinen Brüdern (inzwischen ist auch der dritte, Gottardo, zu ihm gestossen), sowie von den Arbeiten. Sie bauen eine Bahn von Sacramento nach Placerville. Die meisten Arbeiter sind Chinesen. Er erzählt, er habe für 1500 *Scudi* ein Haus gekauft, deshalb könne er nichts nach Hause schicken. Grüsse an alle, auch von seiner Verlobten. Er fügt hinzu, er wolle droben in der Sägemühle an der Maschine arbeiten. «So werdet Ihr sagen können, ihr habet einen Maschinisten in Eurer Familie.» Aber gerade dieser neue Beruf bringt ihn in grosse Gefahren. Am 2. September 1888 wird ihm von der Maschine beinah der Kopf abgerissen. Zum Glück hat er nur den Hut und ein paar Haare eingebüsst. «Aber das Blut ist mir vor Angst erstarrt.» Und bald darauf wird ihm ein Finger abgeschnitten. Er muss in die Stadt übersiedeln und sich kurieren lassen. Das bedeutet zwei Wochen ohne Arbeit. «Es ist noch ein Glück, dass ich nicht die ganze Hand verlor; vermutlich hat jemand für mich gebetet.» Und er gibt sich pietistischen Betrachtungen hin, die recht sonderbar klingen: «Nur durch die Gnade Gottes ist es geschehen. Unser Bewahrer hat mir das Leben auf dieser Erde noch ein bisschen länger geschenkt, und ihm verdanke ich alles. So haben wir es beim Eintritt in die wohlbekannte Gesellschaft der Freimaurer gelernt. Gott ist der Schöpfer aller Dinge und ordnet unser aller Leben. Und ohne ihn können wir nichts tun. Daher müssen wir dem allerhöchsten Herrn, der die ganze menschliche Familie lenkt, dankbar sein.» Wer weiss, was sie zu Hause gedacht haben mögen, als sie – nach so vielen irreligiösen Erklärungen – diese religiösen Betrachtungen lasen und erfuhren, ihr ferner Sohn und Bruder sei Freimaurer geworden. Denn dieses Wort bedeutete für sie – wenig gesagt –: Feind der Religion, Antichrist. Und doch waren seine Redewendungen nicht sehr verschieden von denen, die sie in der Kirche hörten ...

Inzwischen war auch die Schwester Angelica drüben angekommen. Mehr als die halbe Familie war nun dort. Und Battista schreibt nach Hause und lädt auch die Schwester Maria ein: «Bei meinem Ehrenwort: Ich will an ihr handeln wie ein Vater, will sie ausbilden und ihr alles angedeihen lassen, was notwendig ist.» Versprechen, die in den Wind geredet sind. Denn die arme Angelica schreibt kurz nach ihrer Landung: «Der Bruder Battista sollte mir alles beibringen, aber er geruht kaum mit mir zu sprechen. Doch Geduld: Wer sich selbst erhöht, der wird erniedrigt werden.»

Aus einem Brief Giuseppes ergibt sich, dass sich Battista im Jahre 1889 in San Francisco aufhält. «Er arbeitet hier in der Gegend als Wagenführer. Die Wagen bringen die Leute aus einem Teil der Stadt in die andern.» Er ist also zum Strassenbahnfahrer avanciert. Seine Briefe werden immer seltener. Die Beziehungen zur Familie mussten sehr locker geworden sein, denn im Juli 1890 schreibt er, er habe aus der Zeitung erfahren, die Schwester Margherita habe sich mit Alessandro Bianconi verheiratet. «Das ist mir sehr überraschend gekommen, ich erwartete keine solch plötzliche Entscheidung. Doch wünsche ich dem neuen Paar Glück, Fröhlichkeit, Frieden, Eintracht und viele Kinder. Dies alles mit Ausrufezeichen ...»

In San Francisco muss er rasch vorwärtsgekommen sein. Schon anno 1892 eröffnet er, zusammen mit seinem Bruder Gottardo, eine «Drogheria e liquori» (Rusconi Bros. Dealers in Choice Family Groceries Wines Liquors & Cigars). Dann aber kommen Hinweise auf grosse Drangsale und Streitigkeiten mit Landsleuten. Banken machen Konkurs. «Das, was ich in den letzten drei Jahren erlebt habe» – sagt er anno 1893 –, «wünsche ich nicht einmal den Schlangen.»

Im Jahre 1895 liest der Grossvater in einem Brief Battistas an den Bruder Gottardo, der vorübergehend heimgekehrt ist, Ausdrücke des Mitleids mit der Mutter. Für ihn selber aber kein Wort, nicht einmal Grüsse. Voller Zorn schreibt er an den Sohn Giuseppe, er möge dem Battista sagen, «wenn ein Sohn nicht einmal mehr so viel Tinte in der Feder hat, um seinen Vater zu grüssen, ist er ein Undankbarer, ja sogar ein Bösewicht. Denn *ich* war es, der ihm sieben Jahre lang die Schule bezahlt hat, während ich als Kaminfeger arbeiten musste.» Offensichtlich hatte er die Anklagen und den harten Brief von 1887 nicht vergessen ...

Mit Giuseppe und dem nach Amerika zurückgekehrten Gottardo lässt sich Battista fotografieren (1897). Sie sehen alle drei recht blühend aus, sind gut und nach der Landessitte gekleidet, mit Uhrketten über dem Bäuchlein und breiten, feierlichen Krawatten. Im Jahre 1898 schreibt Battista ganz vergnügt: «Am Weihnachtsfest schenkte mir meine Frau einen schönen Knaben.» Aber im Jahre 1912 lässt er sich scheiden und übergibt den Sohn den Jesuiten; Geschichten genug, «um verrückt darüber zu werden». Immerhin verheiratet er sich im folgenden Jahr wieder, diesmal mit einer Tessinerin, Mary Pedroni.

Dann folgt ein lebhafter Briefwechsel mit dem nach Europa zurückgekehrten Gottardo. Es sind – manchmal englisch geschriebene – Geschäftsbriefe. Battista verwaltete dem Bruder ein Mietshaus und anderes.

Aus dem Jahr 1911 gibt es eine Fotografie: Vater und Sohn stehen nebeneinander. Er sieht aus wie ein Herr und trägt eine gewisse würdevolle Haltung zur Schau. Der Sohn ist leicht fettleibig. Es folgt ein weiteres Bild mit der neuen Frau. Dann: Schweigen. Wir wissen nicht, wann und wie er gestorben, noch auch, was aus dem Sohn geworden ist.

Der Onkel Giuseppe

Fünf Jahre nach Battista, im Juni 1882, landete der zweite Sohn, Giuseppe, in Amerika. Er war achtzehn Jahre alt und sollte ungefähr nochmals so lange dortbleiben. Von allen war er sicher die liebenswürdigste und freundlichste Seele. Seine Briefe sind von rührender Wärme und Zuneigung. Der Ärmste musste jedoch übel enden.

In Placerville begegnet er dem Bruder und arbeitet bei einem Deutschen, «um Gold aus der Erde zu waschen». Vielleicht hatte Barbarossa Jahre vorher dieselbe Arbeit für den gleichen Meister geleistet. Die Bezahlung ist karg, aber man muss sich zufriedengeben. Kalifornien ist «nicht mehr, was es früher war. Jetzt geht es jeden Tag mit grossen Schritten rückwärts ... Jeden Tag kommen Leute aus allen Teilen der Welt. Man glaubt, in den Vereinigten Staaten leben fünfzig Millionen Menschen, und zwei Drittel davon sind Chinesen, und diese senken den Taglohn, weil sie für wenig Geld arbeiten ...»

Da das Bergwerk nach einigen Monaten geschlossen wird, steht Giuseppe mit leeren Händen und leeren Taschen da, denn er wird nicht sogleich bezahlt. Da beschliesst auch er, auf den Spuren des Vaters in die Sägemühle zu gehen. Zusammen mit dem Bruder Battista, der «die Liebe zum Haus und zum Vaterland verloren hat», macht er sich auf den Weg. Aber er wird versuchen, ihn zu überreden, denen zu Hause Hilfe zukommen zu lassen. Schon im November schickt Giuseppe 350 Franken, um seine Schulden zu begleichen, und den Rest sollen sie fürs Haus verwenden. «Ich bitte Euch, geniesst diese ersten Franken eines Eurer Söhne in Frieden, denn solange ich arbeiten kann, will ich Euch nicht vergessen.»

Arbeit gibt es nur ab und zu, und Gold noch weniger. Er rät dem Bruder Gottardo davon ab, nachzukommen. Er sagt, er täte besser daran, «Lehrer zu werden, wie Du es im Sinne hattest ... Kalifornien wird jeden Tag reicher an Menschen und ärmer an Geld». Aber wenn die Schwester Angelica kommen wolle, würden die alten Meistersleute in Placerville sie gerne aufnehmen, und auch sie könnte in der Sägemühle arbeiten. Diese wird zu einem wahren Zentrum der in Kalifornien ansässigen Nachkommen Rusconis. Doch die Arbeit ist spärlich und die Bezahlung karg. Jahre der Teuerung kommen. Man zieht zur Sägemühle und von dort wieder weg. Lange arbeitslose Winter folgen. Doch Giuseppe hört nicht auf zu schreiben. Seine Briefe beginnen stets mit den Worten: «Ihr Lieben zu Hause!» Und immer schickt er Hilfe, rät den Eltern, ein bisschen Land zu verkaufen, sich zurückzuziehen, um ein weniger beschwerliches Leben zu haben. «Dann werdet Ihr Eure Gedanken nicht mehr auf so viele Orte richten müssen.»

Nach den harten Anfangsjahren übersiedelt er im Jahre 1891 nach San Francisco. Er arbeitet als Scherenschleifer bei einem Landsmann. Zwar denkt er immer an zu Hause, will aber trotzdem nicht zurückkehren. «Was soll man machen? Wir sind wie alle andern, wir haben den Ehrgeiz, reich zu werden, ehe wir zurückkehren. Wir wissen, was diejenigen für eine Figur machen, die mit nichts nach Hause kommen. Und wenn man schon nichts hat, ist es besser, hier zu bleiben. Wenigstens wird man hier nicht scheel angesehen ...» Nicht dass er das Vaterland vergessen hätte. «Ich habe Mergoscia heute so gern wie vor zehn Jahren, und wenn das Glück mir in Zukunft besser gesinnt ist als in der Vergangenheit, werde auch ich nach Hause zurückkehren.» Er freut sich, als er hört, dass nun auch Mergoscia eine gute Fahrstrasse hat. Mittlerweile schickt er immer 100 Franken und freut sich über den Wechselkurs, weil die 100 dadurch zu 101.25 werden. Er gibt genau an: so und so viel für die allgemeinen Erfordernisse; so und so viel für die Eltern, die Schwestern und so weiter.

Er schreibt oft und übermittelt Nachrichten, nicht nur von sich, sondern auch von den Brüdern, die weniger gern schreiben. Aber auch er gesteht, er gehöre zu denen, «die mehr Lust haben, die Hacke als die Feder zu führen». Er bekommt Fieber, wenn er sich ans Tischchen setzen muss. Auch wenn die Arbeit jetzt weniger schwer ist, denn «wir treiben die Schleifsteine nicht mehr mit den Füssen an, wie früher. Der Meister hat eine Maschine gekauft, und jetzt ist es viel bequemer.»

Im Oktober 1898 schreibt er und schickt Geld wie immer. Von einem gewissen Zeitpunkt an bekommen auch die Kinder der Margherita ihren Anteil an Geschenken und erhalten einen oder zwei und einen halben Franken. Der Onkel Giuseppe arbeitet wie immer, «von einem Tag zum andern, von einem Jahr zum andern, und es ist, als habe man an nichts anderes zu denken und als müsse man nie sterben. Doch was nützt dann dies alles? Ich sehe, dass ich alt werde und dass es Zeit ist, einen Entschluss zu fassen ... und mich endlich zu verheiraten. Allein, in dieser Stadt sind die Frauen, die gewillt sind, Gutes zu tun, rar. Sie wollen zu viel Vergnügungen und vernachlässigen dabei den Haushalt.»

Er besitzt jetzt ein eigenes Geschäft, das recht gut geht. Die Zeiten sind besser geworden, und zwar – man staune – dank dem Krieg (1899). «Hier gehen, seit der Krieg mit Spanien ausgebrochen ist, die Geschäfte im Allgemeinen gut. Es kommen immer viele Schiffe an und bringen Waren von da und dort, denn dies ist der hauptsächlichste Hafen. Von hier aus fahren die Soldaten nach den Philippinen.» Im Juni 1901 teilt er mit, er werde noch vor Jahresende zu Hause sein. Und so geschah es.

Nachdem er auf der neuen fahrbaren Strasse wieder nach Mergoscia gelangt war, gab er sich jedoch – wie so viele andere und wie auch der Onkel Gottardo – nicht damit zufrieden, das frühere Leben wieder aufzunehmen und Junggeselle zu bleiben. Er heiratete eine Frau von dort oben, welche das Postbüro verwaltete, und baute sich (1903) ein schönes geräumiges Haus an der Piazza, in dem das Postamt, der Gasthof und ein Laden untergebracht waren. Doch anstatt nun sein bequemes Leben zu geniessen, begann er ein atemloses Dasein zu führen, das seine Gesundheit vor der Zeit untergrub. Er kümmerte sich um die Post, den Gasthof und den Laden. Seine Familie wuchs und wuchs, und die Frau war nicht immer gesund. Er führte ein elendes Leben, vielleicht sogar schlimmer als damals, als er in San Francisco als Scherenschleifer arbeitete. Denn während es dort eine Maschine gab, «die den Schleifstein drehte», war er, der Ärmste, hier die Maschine selber. Er musste sich auf alle Arten verausgaben, freigebig wie er war, blieb dabei aber immer flink, lächelnd und ironisch.

Er war stets emsig auf dem Sprung. Im Sommer machte er vor Mittag seinen Rundgang mit der Post. Es war ein sehr langer Weg, denn das Dorf lag weit verstreut und hatte entlegene Gehöfte. Auch gab es grosse Höhenunterschiede zu bewältigen, immer auf und ab. Er ging, bis er vor Schweiss tropfte und so erschöpft war, dass er nicht einmal mehr Lust hatte, sich zu Tisch zu setzen. Und als ob die Last nicht genügt hätte, die auf seinen Schultern lag, wählten sie ihn eines Tages, obwohl er sich verzweifelt dagegen wehrte, zum Sindaco. Ich erinnere mich, dass ich ihn bald nachher in der Strassenbahn sah, deprimiert und verdüstert von diesen zusätzlichen Verdriesslichkeiten. Und vor ihm sass, zusammengesunken und traurig, der alte Battista Merlini, den die Wahlen vom Amt des Sindaco von Minusio ausgeschlossen hatten, das er, wer weiss wie viele Jahre, innegehabt hatte. Es ist schon so: Das Gute und das Böse sind wunderbarerweise relativ ...

Der Onkel Pin, wie wir ihn nannten, war immer hemdärmlig, trug eine Radfahrermütze und machte abends beim Licht der Petrollampe gern Spässe. Er machte sich lustig über einen armen, halb blöden Trottel, den Rico, der besessen war vom Gedanken an die Frauen. Der Onkel las, deklamierend, den «Dovere» und verherrlichte – in einer Art Cantilene oder Predigt – die Grösse der liberalen Politiker Gabuzzi, Borella und Simen, wobei er zwischen Ernst und Scherz schwankte. Doch hinter seiner sonderbaren und fast erbitterten Fröhlichkeit spürte man so etwas wie einen düsteren Abgrund ...

Zwischen unsern beiden Häusern und den beiden Margheriten (meiner Mutter und ihrer Schwägerin), die zwar denselben Namen trugen, aber in ihrem Wesen sehr verschieden, ja, sogar entgegengesetzte Naturen waren, gingen die Kinder hin und her. Es war ein Austausch zu Gunsten der Tante. Wenn im Haus Rusconi ein neuer Säugling erschien, kamen eines oder zwei der grösseren Geschwister unweigerlich zu uns in die Fracce.

Dagegen verbrachte ich manchmal im Sommer ein paar Tage beim Onkel Pin, der mein Pate war und mich, wie übrigens uns alle, sehr gern hatte. Für mich war sein Haus eine verzauberte Welt! Der Laden mit den viereckigen Blechbüchsen voller Biskuits, den offenen Säcken voll Zucker, Reis und Maismehl, den gläsernen Dosen voller Karamellen, die mir mit freigebiger Leichtigkeit zur Verfügung standen! Und die Post, die Ankunft der winzigen Kutsche, die von einem Pferd gezogen wurde, die Pakete und die versiegelten Postsäcke! Am Sonntagvormittag kamen die Dorfbewohner, um sich einen Schnaps hinter die Binde zu giessen, ein Gläschen *Brog e fegn* (Erika und Heu), halb Vermouth und halb Grappa. Wie sehr gefiel es mir, sie an der Theke zu bedienen, oder auch am Nachmittag, wenn sie beim Kartenspiel, in einer Wolke von Rauch, die einen zum Husten reizte, in der Gaststube sassen! Aber der Höhepunkt war im Mai das Fest des heiligen Gottardo, das Kirchweihfest

des Dorfes. Dann kamen die Leute in Scharen herbei.
Laden, Gasthof und Haus waren voller Menschen, und
ein kräftiger Geruch nach gebratenem Zicklein erfüllte
alles. Ober dem Feuer brodelten grosse Töpfe voll Risotto mit Schwämmen und riesigen Stängeln Zichorie. Es
wird alles ganz bescheiden gewesen sein; mir aber blieb
es als überquellende und pantagruelische Fülle im Gedächtnis. Am Nachmittag wohnte man nach der Vesper
hinterm Geländer der Terrasse der Prozession bei, die
mit der schwankenden Statue des Heiligen und den drei
herrlich gekleideten Priestern bis zur Kapelle der Nothelferin hinauszog.

Der Onkel Gottardo

Die Abschiedsszene der Auswanderer am Bahnhof: Die
fortziehenden Jungen standen übertrieben fröhlich am
Wagenfenster, denn sie wollten kein Schauspiel von
Schwäche oder Rührung bieten. Auf dem Perron vermittelte der Schmerz der Zurückbleibenden den Eindruck,
als werde alles Lebendige begraben. Wer konnte wissen,
ob man sich je wiedersehen würde. Mit tränennassen
Taschentüchern winkten sie dem Zug nach, der in einer
Dampfwolke verschwand. Dann stiegen sie wieder ins
Dorf hinauf, wo die täglichen Arbeiten sie erwarteten,
die nun mühsamer wurden, weil wieder weniger Arme
da waren. Wenn die flüchtige und trügerische Euphorie
verraucht war, wenn die Herde den Vertretern der Reiseagentur übergeben war, versanken die jungen Leute in
die reglose Schwermut der langen Tage im Zuge, der Hal-

tepausen, der erschöpfenden Überfahrt, Tag um Tag auf dem Meer, dann nochmals Tag um Tag in der Eisenbahn. Zuerst mussten sie den Atlantischen Ozean und dann die ganze Breite Amerikas durchqueren. Doch waren sie davon so verwirrt und befremdet, dass keiner davon erzählte. Nur der Onkel Gottardo gibt, kaum am Bestimmungsort angekommen, Bericht von der Reise.

Eine Postkarte der Agentur Zwilchenbart in Locarno, vom 8. März 1884, teilte dem Grossvater mit, dass das französische Postschiff «Labrador», auf dem sein Sohn hinüberfuhr, vor zwei Tagen glücklich in New York angekommen sei. Und Gottardo meldet sich sofort mit einem Brief vom 26. desselben Monats. Er schreibt, die Reise habe wegen schlechter Bedingungen einen ganzen Monat gedauert. Dreizehn Tage auf dem Meer und einen Tag in New York. «Dann mussten wir eine Meerfahrt von 26 Stunden über uns ergehen lassen. Dann mit dem Zug bis Novolins (?).» Bei einem Bahnhof treffen sie andere Auswanderer aus Mergoscia und dem Valmaggia, die dort schon seit einer Woche warteten. Der Zugverkehr war unterbrochen. «Wir mussten auf einer Strecke fahren, die zu den entsetzlichsten gehört, die man mit der Bahn überwinden kann. Alle Brücken waren zerstört, man hatte hölzerne Pfeiler errichtet und die Schienen darübergelegt. All das war grässlich. Aber das Schlimmste ist, wenn man reisen muss, ohne die Sprache zu kennen. Sobald man die Berge überquert hat, hilft einem das Italienisch nichts mehr.»

Er geht nicht nach Placerville, wo ihn die Brüder erwarten, sondern nach Sant-Elena. Dort arbeitet er bei einem gewissen Bulotti. (Einer von ihnen hat später die

Angelica geheiratet.) Am letzten Tag des Jahres zieht er die Bilanz: «Man muss nicht auf diejenigen hören, welche sagen, die Arbeiten in Kalifornien seien leichter als die in unsern Dörfern. Ich sehe, dass man auch hier Tag um Tag arbeiten muss.» Er beklagt sich über den Bruder Battista, der ihn besuchen kam. «Aber wenn er gekommen wäre, einen Hund zu besuchen, wäre es mehr gewesen.»

Das Jahr 1886 muss «eines der hoffnungslosesten» gewesen sein, voller Elend und Arbeitslosen. Er bittet um Nachricht von zu Hause. «Ihr werdet mir ein bisschen ausführlicher mitteilen, ob Ihr nun die Ziegen verkauft habt. Denn in dem Brief schreibt Ihr, Ihr hättet sie verkauft, und dann teilt Ihr mir mit, die Schwester Margherita sei mit den Ziegen in Lego ...» Im Dezember bittet er um Bücher, eine Schweizergeschichte und eine Schweizergeografie (mit Stichen). Er muss eine gewisse Neigung zu Studien gehabt haben. (Der Bruder Giuseppe ermahnte ihn, wie wir schon gesehen haben, dazu, Lehrer zu werden.) Auch aus der Kalligrafie ersieht man eine gewisse Vertrautheit mit der Feder, eine leichte Hand. Und tatsächlich schreibt er kurz darauf dem Bruder, er gehe sonntags zur Schule. «Dort ist ein junges Mädchen, das mich englisch lesen lehrt. Ich bin sehr froh, englisch lernen zu können, damit ich besser sprechen und auch ein wenig lesen kann.»

Im Mai 1887 arbeitet er unter einem Amerikaner und schildert seinen Tageslauf: «Morgens um 5 Uhr aufstehen, die Pferde striegeln. Dann melken. Wenn man damit fertig ist, geht man zum Frühstück. Nachher muss man sich an die Arbeit machen, und diese dauert bis 12

Uhr. Dann geht man mittagessen. Um 1 Uhr geht man zur Arbeit bei den Pferden. Kurz, man hat nie einen Augenblick Ruhe. Seit einigen Tagen lassen sie mich eine Arbeit besorgen, die mir nicht sehr gefällt. Ich muss mit einem Ingenieur auf die Berge gehen, um eine Landkarte anzufertigen. Es gibt dort grosse Wälder, und sie sind ein wenig wilder als die unseren.»

Den Sommer verbringt er mit den Brüdern in der Sägemühle oberhalb Placerville. Dann kehrt er, von seinem früheren Meister gerufen, nach Sant-Elena zurück. Er fragt nach «dem Tag, an dem ich geboren bin, denn hier pflegen alle den Geburtstag zu feiern, und mir würde es gefallen, dasselbe zu tun». Er rät einem seiner Vettern, Felice Campini, davon ab, auszuwandern, und sagt ihm, es sei besser, wenn er zu Hause bleibe. Wie es denn dieser muntere und wackere Mann auch tat. «Mergoscia ist besser als diese Dörfer hier. Wenn du es nicht glaubst, dann probier es, so wirst du es sehen.»

Im Dezember 1889 arbeitet er noch immer am selben Ort. Er entschuldigt sich, dass er so selten schreibe, er habe keine Lust dazu. Er freut sich, dass die Fahrstrasse nach Mergoscia nun fertig sei. «Wenn wir nach Hause kommen, werden wir vierspännig von Locarno nach Mergoscia fahren!» Der Gedanke an die Rückkehr beginnt ihn umzutreiben. «Lasst die Arbeiten, die Ihr nicht machen könnt, ruhig liegen!», rät er denen zu Hause. «Lebt in Frieden die wenigen Tage, die Euch auf dieser elenden Erde noch verbleiben. – Ich habe in der Zeitung gelesen, dass sie bei euch im Kanton eine halbe Revolution angezettelt haben. Um solches zu vermeiden, sollte man alle Priester aus dem Kanton verjagen, denn sie bringen nichts als Unfrieden.» So schreibt er – dem Antiklerikalismus des Hauses getreu – im Oktober 1890.

Es geht nicht aus den Briefen hervor, ob er tatsächlich vierspännig heimfuhr. Aber im Juli des Jahres 1893 kehrt er zurück und fährt nach Mergoscia. Von dort aus schreibt er den Brüdern, zu Hause seien alle wohlauf. «Aber es ist ein armes, ganz verlassenes Dorf. Man könnte sich alle Kleider ausziehen und nackt herumgehen. Es ist niemand mehr da.» Mit andern Rückkehrern werde er den 4. Juli in Pontebrolla feiern.

Im Mai des folgenden Jahres schreibt er: «Wir haben die Kühe jetzt für einige Tage in Fosei. Dann gehen wir nach Lego, und diesen Sommer ziehen wir auf die Alp Bietri hinauf. Wir haben drei Rinder und ein Schwein.» Und in einem Nachwort fügt er hinzu, er hätte es gern gesehen, wenn die Schwestern zwei Zeilen geschrieben hätten, doch sie seien zur Kirche gegangen. «Heute feiern sie San Gottardo; aber es regnet, und die religiöse Zeremonie wird nicht sehr prächtig werden.»

Er hatte sich wieder ins alltägliche Leben eingefügt und nur einige Gewohnheiten beibehalten, die er sich in Kalifornien angeeignet hatte. Der Grossvater beklagte sich darüber und schreibt dem Onkel Giuseppe, als er ihm Nachricht von zu Hause zukommen lässt, sie kämen nicht aus miteinander. «Er frönt dem Laster, fast jeden Sonntag Karten zu spielen und sich sogar zu betrinken. Ich würde das hie und da dulden ... Aber man muss oft Geduld haben, und hat sie nicht immer. Dann kommt es zu Streitigkeiten.» Armer Barbarossa! Zwischen den Söhnen in Kalifornien, die nicht schreiben, und dem Zurückgekehrten, der wenig Einsicht zeigte, musste ihm nicht sehr fröhlich zu Mute sein.

Aber Gottardo blieb nicht lange zu Hause. Im Januar 1896 war er wieder in San Francisco. Es war eine noch bitterere Abreise als beim ersten Mal. «Zurückkommen und dann wieder hinausziehn schafft denjenigen, die zu Hause bleiben, mehr Leid, als wenn man zum ersten Mal fortgeht. Ich habe das schon von vielen sagen hören und jetzt sehe ich es selber. Denn die Hoffnung, diejenigen wiederzusehen, die zum zweiten Mal hinausziehen, ist – trotz all ihrem Versprechen – sehr gering!» So schrieb meine Mutter dem Onkel Giuseppe und riet ihm, er solle zurückkehren, sobald er einen Spargroschen in der Tasche habe. «Aber bedenke es vorher. Komm, um nicht wieder abzureisen. Sonst wäre es besser, nicht zu kommen, denn dann hat man wenigstens die Hoffnung, sich wiederzusehen.» Sie ermahnt ihn auch, an die Eltern zu denken, besonders an die Muter und die Schwestern. «Denn Du weisst, zum Vater kann man nicht gehen, wenn man irgendetwas braucht ...» Barbarossa hatte seine Art nicht aufgegeben. Und er konnte von sich sagen, was er in dem früher zitierten Brief über Angelica schrieb: «Der Fuchs ändert wohl sein Fell, nicht aber seine Sitten.» Das ist so üblich bei uns zu Hause!

Als Gottardo nach San Francisco zurückgekehrt war, schrieb er und sandte allen Nachricht. Er sagt, die Geschäfte gingen nicht sehr gut. «Doch erledige ich hier in einem Monat mehr als dort in zehn Jahren.» Zu Weihnachten schickt er immer ein Geschenk. Meinem Vater sandte er Zeitungen von drüben. Er sagt auch, er habe den Bruder meines Vaters, Giovanni Bianconi, getroffen. Sie seien fröhlich gewesen miteinander und jetzt sei er nach Arizona gefahren. Er tätigt Geschäfte mit dem Bruder Battista und dem Schwager Bulotti. Doch entstehen Streitigkeiten. Sie trennen sich. Er führt auf eigene Rechnung einen Laden mit Liqueurs. Wenn er selten schreibt, geschieht es, weil er keine Zeit hat. «Ich muss von 7 Uhr morgens bis um 1 oder 2 Uhr nachts auf den Beinen sein, und oft komme ich überhaupt nicht zum Schlafen. So ist die Lust zum Schreiben recht gering.»

Freigebig wie er von Natur war, schenkt er der Tochter der Schwester ein Klavier. Im Jahre 1906 kehrt er endgültig heim. Er ist recht wohlhabend. Der Bruder Battista verwaltet ihm ein Haus und andere Sachen, die drüben geblieben sind. Als er zu Hause ist, lässt er sich mit dem jetzt alten Vater und der Schwester Anna im Haus nieder und bleibt bis zu seinem Tod dort wohnen. Fettleibig und asthmatisch geworden, nimmt er das Leben von früher wieder auf, geht auf und ab über alle Berge und hinaus in die *Ronchini*. Er mäht, beschneidet Bäume, liest Trauben, besorgt das Vieh, ohne jemals etwas zu verändern oder zu verbessern. Er führt kein Haus auf eigene Rechnung. Wenn er den Freunden in Kalifornien schrieb, beklagte er sich, das Dorf entvölkere sich. Was wollte man tun? Einer antwortete ihm brutal: «Du sagst, mit dem Dorf gehe es abwärts. Man muss sich verheiraten und bumsen wie die Stiere ...» – Er starb im Jahre 1933.

Die Tante Angelica

Die vierte der Familie, die sich nach Amerika einschiffte, war die Tante Angelica. Sie war von lebhafter, launischer und vielleicht auch ein wenig jähzorniger Natur. Anno 1885 war sie 23 Jahre alt. Sie traf die Brüder in Placerville. Der Giuseppe «ist ein armer dürrer Kerl, wie in Mergoscia». Die frühern Meistersleute des Vaters empfangen sie wohlwollend und feiern ihre Ankunft. Aber der erste Brief ist eher trostlos. «Es ist eine grosse Torheit, die Sprache nicht zu kennen. Ich verstehe kein Wort.» Es ist der gewohnte Kummer, dem sich das Betrübtsein darüber, ausgewandert zu sein, hinzugesellt. «Mir schien, als ich dort mit Euch zusammen war, es gehe mir sehr schlecht, wenn ich Kalifornien nicht sehe. Jetzt habe ich es gesehen, und wenn ich noch könnte, würde ich nie mehr davon reden, von den Meinen zu Hause wegzugehen ... Sagt das denen, die sich, wie ich es tat, darnach sehnen, hierherzukommen. Sagt ihnen auch, es sei nicht das Paradies der Frauen, wie sie es hier nennen. Man bekommt allerlei zu sehen, und nur schon im Hinblick auf die Reise hätte ich nie mehr den Mut, mich auf den Weg zu machen. Jetzt sind die ersten Tage vorbei. Mir ist, ich sei hier verloren ... Der Bruder Battista sollte mir alles zeigen, aber er würdigt mich kaum eines Wortes. Doch nur Geduld, denn wer sich selbst erhöht, der wird erniedrigt werden.» Dann kommen ihr ihre kleinen Bosheiten in den Sinn: «Die gute Zeit, da ich mit Euch zusammen war, ist vorbei. Jetzt erkenne ich es, und wenn mir noch Zeit dazu bliebe, würde ich gütiger mit Euch sein, als ich es war, mit Euch, die Ihr so viel für mich getan habt. Ich bitte Euch um Verzeihung für die Sorgen, die ich Euch bereitet habe ...» Als die Leute zu Hause diese trostlosen Zeilen lasen, gerieten sie in Panik. Sie antworteten sogleich mit schmerzlichen Worten. Doch die Angelica widerrief ihren Brief und munterte sie auf. Sie sagt, ihr erster Brief sei zu voreilig gewesen. Jetzt gehe es ihr besser. An San Gottardo habe sie mit den Brüdern ein Fest gefeiert. «Und am Sonntag bin ich mit ihnen zur Messe gegangen.»

Aber ihre Arbeit gefällt ihr nicht. Im Januar 1886 ist sie in San Francisco, wo sie bei einer englischen Familie als Dienstmädchen arbeitet. «Wenn man immer mit den Unsern zusammen ist, lernt man die Sprache nie.» Sie ist zufrieden, doch vergisst sie ihr Zuhause und das harte Leben dort nicht: «Ihr schreibt mir, ihr hättet die Ziegen noch. Ich weiss nicht, weshalb Ihr sie noch immer behaltet, da Ihr doch auch ohne sie so viel zu tun habt. Und wenn sie die Rinde von den Bäumen fressen, wie sie es taten, da ich sie hütete, würde ich ihnen den Kopf abschneiden und sie verspeisen. Das würde Euch guttun.» Sie lässt ihren Gefährtinnen sagen, das neue Leben sei hart, sie sollten es sich zweimal überlegen, wenn sie auswandern möchten. Sie selbst hoffe, zurückzukehren, «in jenes Haus, von dem ich erst jetzt weiss, dass ich dort die schönsten Jahre meines Lebens verbracht habe».

Zu Hause möchten sie wissen, was sie arbeite. Sofort antwortet sie: «Ihr sagt mir, es würde Euch freuen, zu erfahren, welches meine täglichen Beschäftigungen sind. Nun denn: am Montag wasche ich Leintücher. Am Dienstag plätte ich sie. Am Mittwoch und am Donnerstag muss ich die Zimmer putzen und Fenster reinigen. Am

Freitag reinige ich das Silberzeug. Am Samstag bringe ich die Küche in Ordnung. Und am Sonntagvormittag koche ich. Am Nachmittag kann ich dann ein wenig spazieren gehen. Und jeden Tag muss ich, ausser der Arbeit, die ich Euch beschrieben habe, das Essen zubereiten und bei Tisch dreimal am Tag servieren.» Sie verdient zwanzig Dollar monatlich, sendet ein Geschenk und sagt, sie hätte sich gegen Krankheit versichern lassen. Es bestehe somit kein Grund zur Besorgnis.

Sie schickt ihre Fotografie, zusammen mit zärtlichen Grüssen an alle, Schwestern und Eltern. «Und Euch, meine liebste Mutter, sage ich die Wahrheit. Es vergeht kein Tag, an dem ich nicht an Euch denke.» Und dem Vater schreibt sie: «Ihr, die Ihr die Gnade geniesst, beisammen sein zu dürfen, lebt in Frieden.» Sie empfiehlt, sich nicht allzu sehr anzustrengen. «Weshalb vermietet oder verkauft ihr jene gesegneten ‹Trümpfe› nicht und macht Euch das Leben ein bisschen bequemer? Am Ende sind es doch nur wenige Tage, die wir hier mühselig verbringen.» Dann folgen dunkle und zornige Anspielungen auf Klatsch und Verleumdung. «Auch hier gibt es Zungen, die Übles verbreiten.» Es werden Gerüchte gewesen sein, die von zu Hause bis zu ihr gedrungen waren.

Im Dezember 1887 rührt sie der Gedanke an das bevorstehende Weihnachtsfest: «Es wäre mir ein grosser Trost, es mit Euch zusammen verbringen zu können. Da mir das aber nicht beschieden ist, komme ich, obwohl ich tausend Meilen von Euch entfernt bin, mit dem Herzen zu Euch.» Sie schickt fünfzig Franken, damit ihre Lieben sich ein Fest machen können, und empfiehlt ihnen, sich fotografieren zu lassen. Sie will wissen, wie alt sie genau sei, «denn ganz sicher weiss ich es nicht, und ebenso möchte ich auch das Alter all der andern erfahren».

Als ich an das Weihnachtsfest von anno dazumal und an diese meine Tante dachte, die ich nicht gekannt habe, schrieb ich einen Text, den ich gerne hier einfügen möchte:

Weihnachtliche Festfreude

Weihnachten hat mir diesmal einen Haufen alter Papiere gebracht. Sie stammen aus dem Hause der Grosseltern. Es sind Briefcouverts aus Kalifornien, Fotografien von einst, mit jenem unsagbaren bräunlichen Ton, der ins Grünliche hinüberspielt. Und der Fotograf hat mit der Feder die Pupillen in die blassen Gesichter hineingezeichnet. Es sind weitaufgerissene Augen steifer Gespenster in Festgewändern, die starr um sie herumstehen wie Rüstungen. Sie liessen die Bilder machen, um sie da- und dorthin senden zu können, damit man sich ihrer erinnere ... Diese Fotografien wechselten ab mit ganz andersartigen Bildern von schönen blühenden Frauen vor einem Hintergrund tropischer Landschaften, von Kindern mit Reifen oder einem Ball; und diese Kinder waren gekleidet wie kleine Fürsten. Da trösteten sich die zu Hause und dachten, dort drüben, in jenen Ländern, die Wohlstand und Optimismus atmeten, kenne man das Elend nicht.

Unter den alten Papieren befand sich auch ein Gebetbuch, und darin lagen kleine Bildchen mit durchbrochenem Spitzenrand. Vielleicht waren sie auch mit feinem Goldstaub bestreut gewesen, doch der ist dann vergangen. Ferner fand ich ein kleines Büchlein mit Weihnachtslobgesängen, dem «Schlafe, schlaf» und dem «Verbum caro». Sechzehn ungeschickt bedruckte Seiten in einem Einband aus dunklem, bläulichem Papier, wie man es früher für den Zucker brauchte. Und wenn man es anschaute, meinte man im Mund den Geschmack zu spüren, den der Zucker damals hatte. Sie stimmen nicht alle fröhlich, diese alten Papiere, die schimmlig und eingeschlossen riechen, und die Fotografien der Toten, die man nicht gekannt hat, und die doch unsere Toten sind. Doch jenes kleine weihnachtliche Büchlein mit dem «Schlafe, schlaf» ist eine Kostbarkeit, und der Literat in mir freut sich daran und vergisst das Übrige. Es wurde in Locarno bei einer «Tipografia Rusca» gedruckt, von der ich nie gehört habe. Etwas ist mit Bleistift hineingekritzelt, ein Datum, 1875, und das ist ein sicheres «post quem non». Und mit Bleistift steht auch der Name der Tante Angelica drin, die dann in Kalifornien gestorben ist, und der der Tante Maria, die im Kloster gestorben ist, und der meiner Mutter Margherita. Man sieht: die Schwestern haben sich das Büchlein ausgeliehen, sie haben es sich streitig gemacht, haben es sich aus den Händen gerissen, um die Lobgesänge auswendig lernen zu können, die sie abends, beim Dunkelwerden, in der Kirche singen mussten, in jenen Tagen vor Weihnachten, das dort oben, in jenen verlorenen Dörfern, ein herrliches Fest sein musste, auch wenn es nichts gab ausser den ewigen Kastanien und einer Hundekälte, die ihnen jedes Jahr bissiger vorkam als früher. Zu jener Zeit führte noch keine Fahrstrasse dort hinauf. Man benützte den alten Saumpfad, auf und ab durch Schluchten und Schründe. Und auch das nur wenige Male. Die Leute kamen nur aus dem Tal heraus, wenn sie ein Stück selbstgewobenen Stoff zum Walken bringen mussten. Die Bedürfnisse, die befriedigt wurden, waren klein. Sogar die Knöpfe machte man selber, aus Holz. Und die paar amerikanischen Dollars, die von drüben ankamen, legte man bei der Bank an. Und dann machten die Banken hin und wieder Konkurs, und die Armen mussten ihrem Geld nachweinen. An den Tagen vor Weihnachten haben sie sicher in der Gerla oder im Lederbeutel jenes kleine, von einem Taschentuch umwickelte Büchlein mit sich getragen, das von einem, wenn nicht ganz so doch fast analphabetischen Drucker mit groben Buchstaben versehen worden war. Und vielleicht lag in der Gerla, dem Tragkorb, eine Orange oder eine Mandarine neben dem Büchlein, Früchte, die sie an Palmen denken liessen und an die fremdartigen Bäume im Hintergrund der Fotografien, die aus Kalifornien kamen, Früchte voll Sonne und zuckersüss, aus Ländern des Paradieses. Wer nur irgendwie konnte, zog dorthin. Und die Häuser wurden leer. Und die Dächer rauchten nicht mehr.

So wird das Büchlein mit den Weihnachtsliedern ins Haus der Grosseltern gelangt sein. Darin steht in einer sonderbar verstümmelten Leseart und mit beträchtlichen Abänderungen das «Schlafe, schlaf»:

Schlafe, schlaf, o Kindelein,
göttlich Kind.
Schlafe, schlaf, o Knäblein klein,
schlafe ein ...

Immer steht das «nana» (schlafe) mit *einem* «n» da, auch wenn es sich auf «capanna» (Stall) reimt ... Und doch ist diese arkadische Anmut aus dem 18. Jahrhundert erhalten geblieben und lebt weiter, und der holde, gezierte Duft weht wie ein Hauch durch die gegenreformatorische Strenge, die in die Krippe, zwischen das Stroh, schon die Nägel und Dornen der Passion legte:

Jetzt umgibt dich Strahlenglanz.
Doch am End
wird zur Dornenkron' er ganz ...

Und die Mutter singt und vermengt Freude und Schmerz. – Sie weint – kraft jener sublimen dichterischen Intuition – die bitteren Tränen, die sie am Fuss des Kreuzes weinen wird, schon über dem zarten Fleisch des Kindleins in der Krippe:

Schlaf. Doch nach dem Tode dein,
küsse und umarme ich
deine Glieder, blass und fein ...

Die Mutter singt hingerissen und schmerzerfüllt. Sie singt und weint, sie weint und freut sich. Dann kommen die Hirten und die Heiligen Drei Könige, und die Sterne scheinen vom Himmel herab. Für einen Augenblick ist der Schmerz verschwunden, ausgelöscht von einer Woge unaussprechlicher Freude. Was ist denn Weihnachten anderes als dieser flüchtige Sieg der Wogen aus Licht, einen Augenblick lang ...

So, in einem unlösbaren Gemisch aus Freude und Seelenqual erscheint das Weihnachtsfest jener alten und naiven Lobgesänge. Und mir, dem dankbar sich erinnernden Neffen und Literaten tut es leid, dass jener unwissende Drucker aus Locarno meiner Tante Angelica, die ich nie gekannt habe und die dort drüben in Kalifornien sterben musste, eine so sündenbeladene Lektion erteilt hat.

Im Februar des Jahres 1888 weint die Angelica vor Rührung, als sie die Fotografien von zu Hause betrachtet. Und dann teilt sie mit, sie möchte sich verheiraten: «Was wollt Ihr, auch in diesem Land wird man es müde, immer nur mit fremden Leuten zusammen zu sein. Es ist daher – so oder so – besser, ein eigenes Haus zu haben, als immer mit andern zusammenzusein ...» Der Verlobte ist ein Luigi Bulotti, der in Sant'Elena lebt. «Nach allem, was sie von ihm sagen, ist er ein braver Junge.» Daher erbittet sie die Einwilligung ihrer Eltern zur Heirat.

Mit einem lyrisch frohlockenden Briefanfang kündigt sie alsdann dem Bruder Giuseppe ihre Hochzeit an. «Geliebter Bruder. Heute Abend nehme ich die Feder zur Hand und hoffe, die reine und gesunde Luft dieser niedern Hügel werde mir ein paar freundliche Worte eingeben, die ich einem teuren Bruder senden will, den ich liebe und den ich zeit meines Lebens immer lieben werde ...» Einige Tage später schreibt sie nach Hause und schildert die Hochzeit. Die Brüder seien nett gewesen. Giuseppe hat ihr eine Uhr und eine Kette geschenkt. Battista hat als Trauzeuge fungiert. «Unsere Hochzeit fand in der italienischen Kirche in San Francisco statt ... Wir haben kein grosses Fest veranstaltet, denn es ist besser, man spart sein Geld. Ich war deshalb sehr einfach gekleidet, Ihr könnt es auf dem Bild sehen. Ich habe mir kein seidenes Kleid angeschafft, wie es sonst üblich ist, sondern habe eines gekauft, das ich anziehen kann, wann immer ich will. Mein Mann wollte mir ein seidenes kaufen, aber ich habe nicht gewollt ... Ich verlasse Euch mit einem zärtlichen und liebevollen Kuss.»

Im Februar 1889 schreibt sie frohlockend: «Am 15. des vergangenen Monats bin ich Mutter eines Mädchens geworden.» Es ist alles gut gegangen. Die Tage gehen glückhaft dahin. Der Gatte arbeitet gemeinsam mit den Schwägern, in San Francisco. Im August schreibt sie, dem Kind gehe es gut. «Es hat rotes Haar, wie Ihr, Vater. Eure Söhne gleichen Euch nicht, die Enkel hingegen tun es.» Ein Bruder des Bulotti kehrt von Mergoscia zurück und bringt Geschenke: Strümpfe für Gottardo und auch ein Paar für Angelicas Kind, das inzwischen auf den Namen Filorinda getauft worden ist. Schon ist ein zweites Kind geboren worden, und alles geht gut.

Zu Weihnachten 1890 schickt sie fünfzig Franken. Zwar ist sie ein bisschen verärgert, denn sie hat von andern vernommen, «dass die Margherita sich verheiratet hat. Wenn es stimmt, gratuliere ich ihr und wünsche ihr Glück und Frieden. Gleichzeitig danke ich ihr dafür, dass sie so wenig nett war, und mir nicht einmal zwei Zeilen geschrieben hat ...»

Doch das Glück ist von kurzer Dauer. Ein verzweifelter Brief aus dem Jahre 1893 berichtet vom Tod der kleinen Flora. «Ich weiss nicht mehr, wie ich Frieden finden soll ... Überall, wohin ich auch die Blicke wende, finde ich etwas zum Weinen. Wenn ich nicht meine Lieben hätte, die mir noch geblieben sind, fände ich süssen Trost im Tod.» Vermutlich hat die Ärmste sich ganz in ihren Schmerz verbohrt, denn anno 95 ermahnen die beiden Schwestern den Giuseppe, er möge sie aufrütteln: «Sag ihr, sie soll ihre Trägheit und ihre Gedankenlosigkeit beiseitelegen und sich an uns erinnern und uns schreiben ...», mahnt Margherita. Und Maria schreibt: «Grüsse sie von uns, obwohl sie sich nicht erinnert, wo sie ihre Kindheit verbracht hat und nicht daran denkt, der Mutter zu schreiben, die so viel getan hat, um sie grosszuziehen.» – Und der Vater sagt bitter: «Wohl ändert der Fuchs sein Fell, nie aber seine Gewohnheiten.»

Die Familie der Angelica ist nach San Francisco übergesiedelt. Die Geschäfte gehen recht gut. Im August 1899 schreibt sie von «Freiwilligen, die aus dem Krieg mit Spanien zurückgekehrt sind. Es waren mehr als hunderttausend Menschen, die von allen Seiten herkamen ...»

Dann aber brechen mit den Schwägern Streitigkeiten und Zwietracht aus. Zu Weihnachten (1900) kann Angelica kein Geld schicken. Das unglückselige Schicksal war hartnäckig dagegen. «Ich habe erfahren, dass es immer die nächsten Verwandten sind, die einen zu ruinieren versuchen und einen auf die Strasse werfen.» Der Onkel Giuseppe, diese gute Seele, spielt den Vermittler, um Frieden zu stiften.

Allein, im Jahre 1902 muss der arme Bulotti weinend zur Feder greifen, um den Tod seiner Gattin bekannt zu geben. Er sagt, sie hätte sich einer Operation unterziehen sollen, habe aber nicht gewollt. Und als sie sich endlich doch dazu entschlossen habe, sei es zu spät gewesen: «Sie erlebte nur noch Drangsal und Kummer, die arme Angelica. Seit dem Tod der armen Flora ist es ihr nie mehr gut gegangen. Sie hat immer nur geweint und an das Kind gedacht, und sie wollte sterben und zu ihrer Flora gehen.»

Nichts ist von ihr geblieben als eine Fotografie, die sie mit ihrem Mann zeigt. Er sitzt mit einem kleinen Kind auf den Knien da. Ein anderes Kind steht neben ihm. Sie selbst ist eine schöne und blühende Frau und trägt ein schottisch gemustertes Kleid mit breiten Streifen aus schwarzem Samt. Auch das eng anliegende Mieder ist mit Aufschlägen aus schwarzem Samt verziert. Das Haar ist nicht ohne Koketterie gekämmt und weist über der Stirn ein dichtes Gewirr schwarzer Locken auf. Man könnte denken, sie sei ein Bild der Gesundheit. Und doch musste sie so jung schon sterben. Sie war erst vierzig Jahre alt.

8

DIE TANTE, DIE INS KLOSTER GING

Von meiner Tante Maria (1875–1909) bewahre ich nur die Erinnerung an ihr Begräbnis in der Kirche Santa Caterina in Locarno. Von ihr habe ich unter den Papieren bloss einen Brief an Giuseppe gefunden, den sie ihm schrieb, als die Weihnachtstage nahten. Es ist ein Brief voll zutunlicher Liebe: «Geliebter Herzensbruder!», beginnt sie. Und ein Stiefmütterchen ist auf das Blatt geklebt, und über der Blume stehen gute Wünsche. Es ist ein Brief, der nicht frei ist von einer gewissen sentimentalen Freude am Künstlerischen. Fast möchte ich sagen, es sei ein literarischer Brief, und er steht in nicht geringem Gegensatz zu den gewohnten «matter of facts», den Berichten, die von jenseits des Ozeans kamen.

Sie gibt Nachrichten von zu Hause. Es sei ein elendes Jahr gewesen, voller Schnee («und der finstere und dunkle Himmel verspricht noch mehr davon»), mit viel Arbeit und den gewohnten Auswanderungen. «Die Kühe haben wir in Tropino, es sind deren drei, und dazu kommt ein Schwein. Ich gehe mit den Kühen. Im Januar werden wir in die *Ronchini* übersiedeln.» Sie will damit sagen, dass die Reihe an ihr war, nach Tropino zu gehen, um die Kühe zu hüten. Ferner gibt sie Nachrichten von ihrer Schwester (meiner Mutter), die vor kurzem Zwillinge geboren hat. «Und die beiden ersten Kinder sind schon so gross, dass sie allein zu uns in den Weinberg kommen können. Sie springen herum wie Hasen.» Dann schreibt sie von den Geschehnissen im Dorf: «Das Dorf verödet immer mehr; entweder sterben Leute, oder sie ziehen in fremde Länder. Jetzt heisst es, zwei oder drei Jungens aus dem ‹Benitt› wollen fortziehen. Es bleiben uns also keine mehr ...» Sie hofft, den Bruder wiederzusehen. Wie viel hätte sie ihm zu erzählen. «Aber ich habe nicht genug Papier, und der Schlaf verschleiert mir die Augen.» Meine Tante ging nicht ins Kloster, weil die Jungens aus dem «Benitt» fortzogen. Sie war dazu berufen und setzte ihren Entschluss gegen den Willen ihrer Eltern durch, die dagegen waren. Sie hatte dem Bruder Giuseppe geschrieben und ihn um das nötige Geld gebeten. (Irgendein französischer Prediger aus dem 17. Jahrhundert hat gesagt, es gäbe Mädchen, die nicht reich genug seien, um das Gelübde der Armut leisten zu können ...) Der Bruder hatte es ihr verweigert und hatte dies sogleich den Eltern gemeldet: «Sie hat mir geschrieben, ich solle ihr helfen und ihr Geld schicken, damit sie ins Kloster gehen könne. Aber da ich wusste, dass Ihr alle dagegen waret – und auch ich bin dagegen –, habe ich sie nicht erhört. Doch schrieb ich ihr, wenn sie nach Kalifornien kommen wolle, würde ich ihr helfen. Allein – sie bestätigte mir: ‹Ich will Nonne werden oder sterben!›»

So wurde sie in die Klausur von Santa Caterina eingeschlossen. Sie nahm den Schleier und bekam den Namen Schwester Maria Filomena. Sie hatte sich eine Aussteuer aus handgesponnenem Leinen vorbereitet. Aber die Nonnen hatten diese Ausstattung zurückgewiesen; sie sei zu ländlich. So musste sie sich eine andere aus feiner Leinwand nähen. Doch schon nach wenigen Jahren ergriff ein geheimnisvolles Leiden von ihr Besitz und machte sie klein wie ein Kind. Es heisst, man habe sie auf einem Kissen herumgetragen. Sie starb im Jahre 1909. Undeutlich erinnere ich mich an die Bestattungsfeierlichkeiten in der Klosterkirche. Den Sarg sah man nicht. Hinter dem Altar hervor erklangen die schauerlichen Gesänge der Nonnen, und man fühlte, wie Traurigkeit auf den wenigen anwesenden Menschen lastete. Von der Tante Maria gibt es eine kleine Fotografie, auf der sie neben dem Grossvater steht. Sicher ist das Bild kurz vor ihrem Eintritt ins Kloster entstanden. Dann gibt es auch noch eine andere schöne, grosse Fotografie mit dem Onkel Giuseppe, der gerade rechtzeitig aus Kalifornien zurückgekehrt war, um sie noch sehen zu können. Der Onkel sitzt (im Atelier der Gebrüder Büchi) in der Mitte und rechts und links die beiden Schwestern, Maria und Anna. Die Maria ist ein schönes Mädchen. Sie trägt ein Kreuzchen um den Hals und schaut mit ernster, vielleicht ein bisschen ironischer Miene aus dem Bild heraus. Sie war im Begriff, die Eitelkeit der Welt hinter sich zu lassen ...

Meine Mutter nahm mich oft in das Sprechzimmer des Klosters Santa Caterina mit, wo die Tante sich aufhielt und wo auch meine beiden Schwestern zur Schule gingen. Es war ein dunkler Raum. Die Mauern und die Fliesen des Fussbodens schwitzten vor Feuchtigkeit. Dort gab es ein riesiges, doppeltes Eisengitter, das fast eine ganze Wand einnahm, und dahinter sah man – wie ein Gespenst – eine schwarze Nonne. Ich vernahm lange, eilig geflüsterte Gespräche, die von Seufzern und Stossgebeten unterbrochen waren. Meine Mutter sass müde auf einem Sessel. Und hinter dem Gitter sah man nur das Weiss des Schleiers und die Hände der Nonne.

Nie wurde das grosse Portal zum Vorraum aufgetan. Man zog an einem Glockenstrang. Dann öffnete sich der Schalter hinter einer blechernen Scheibe voll winziger Löcher (wie bei den Beichtstühlen), und aus dem Guckfenster drangen Geflüster und Stossgebete: «Gelobt sei Jesus Christ!», sagte eine Stimme durch die winzigen Löcher hindurch. «Er sei gelobt in Ewigkeit», antwortete meine Mutter. Neben der Türe war ein Rad angebracht; ein geheimnisvoller Zylinder aus glänzendem Holz steckte in der Mauer. Er drehte sich um sich selbst. Und mit einem Mal sah man in eine Leere hinein, wie in einen dunklen Schrank. Dort heraus nahmen sie Bilder mit dem lieben Gott, die mit goldenen Plättchen versehen waren, und Agnus Dei und Biskuits, die so hart waren wie Steine und Sankt-Niklaus-Brot. Zahlreicher aber waren die Dinge, die man ins Innere hineinsteckte: Früchte zumeist, Pfirsiche und Trauben. Dann drehte sich der Zylinder schweigend und die Sachen verschwanden. «Gelobt sei Jesus Christ ...»

9

MEIN VATER

Von den sieben Kindern des Grossvaters Rusconi half die älteste Tochter Margherita, meine Mutter, im Haus am kräftigsten, wenn auch nicht am längsten mit. Die jüngste Tochter, Anna, blieb unverheiratet und blieb im Haus, bis sie starb. Ausser dem ewigen Herlaufen hinter den sich verzettelnden Arbeiten und den Sorgen um tausenderlei Dinge lagen ihr auch die beiden Schwesterchen auf dem Hals oder besser auf den Armen, die nach der Rückkehr Barbarossas zur Welt gekommen waren. Diese waren fünfzehn und zwanzig Jahre jünger als Margherita. So fiel es *ihr* zu, ihnen die Mutter zu ersetzen, denn diese war immer draussen bei der Arbeit auf den Feldern. Sensibler und frommer als alle andern, litt Margherita sehr unter den Auswanderungen, der Atmosphäre des Hauses, dem väterlichen Charakter und der resignierten Duldermiene der Mutter. Sie unterdrückte ihre, wenn auch nicht sehr starke Neigung, ins Kloster zu gehen, und verheiratete sich mit dreissig Jahren mit Alessandro Bianconi, der kurz zuvor aus Arizona zurückgekehrt war. Als er sie gebeten hatte, seine Frau zu werden, fragte sie den Vater um Rat: «Vater, was sagt Ihr zu Lisandro? Er möchte mich zur Frau haben.» Und der mürrische Barbarossa gab ihr zur Antwort: «Wenn er dich nicht interessieren würde, hättest du mich sicher nicht gefragt.» So heiratete sie im Jahre 1890. Die Dinge müssen sich sehr rasch entwickelt haben, denn aus den Briefen der Brüder und Schwestern in Kalifornien geht hervor, dass keines von ihnen informiert worden war. Die Hochzeit war sehr einfach. Doch fanden sich bei Tisch vierzig Gäste ein und assen, um die Brautleute zu feiern, Polenta und Würste. Doch am Nachmittag gingen sie alle heuen, und am Abend zog der Bräutigam auf die Alp hinter dem Madone. Die Hochzeitsreise machten sie einige Zeit später: eine Schifffahrt bis nach Arona, mit Mittagessen auf dem Dampfer. Es existiert eine Fotografie der Neuvermählten. Mein Vater sitzt – im Studio des Fotografen Antonio Rossi in Locarno – an ein rundes Tischchen gelehnt. Er hat ein schönes, offenes, rundes Gesicht mit einem grossen Schnurrbart à la Nietzsche und trägt amerikanische Schuhe und eine Uhrkette über dem Bauch. Hinter dem schmalen Revers des Rockes sieht man so etwas wie eine Krawatte, doch ist dies nicht mit Sicherheit auszumachen, denn mein Vater trug solche Kinkerlitzchen höchst ungern. Meine Mutter steht neben ihm, ihre eine Hand liegt auf seiner Schulter. Sie schaut aufmerksam und sorgenvoll ins Weite, als sähe sie die lange Strasse vor sich, die auf sie wartete. Sie ist mit grosser Einfachheit gekleidet. Man sagt, ihr Brautkleid habe einen Scudo gekostet. Um den Hals trägt sie ein seidenes, nicht ohne Koketterie geknüpftes Tüchlein. So begann das eheliche Dasein meiner Eltern, das ein halbes Jahrhundert dauern sollte.

Mein Vater war der Erstgeborene einer Familie mit fünf Kindern. Er war 1852 zur Welt gekommen, fuhr mit achtzehn Jahren nach Amerika und blieb achtzehn Jahre dort. Als er zurückkehrte, wünschte er sich, noch weitere achtzehn Jahre zu leben. Er sollte noch einundfünfzig Jahre auf der Welt bleiben.

Um die Abreise zu komplizieren, brach der 1870er-Krieg aus. Den Gotthardpass überquerte mein Vater im Schlitten. Es war im April. Die Meerüberfahrt erschöpfte ihn bis zum Äussersten. Er musste immer liegen, war halb tot und konnte weder essen noch trinken. Er litt grauenhaft unter der Seekrankheit. – Einmal, als er schon alt war, sah er am Ufer unseres Sees eine Barke auf den Fluten schwanken. Er musste sich abwenden. Der Anblick genügte, um ihn seekrank zu machen. – Man kann sich denken, in welchem Zustand er an Land ging! Dann kam die endlose Durchquerung Amerikas von New York nach San Francisco in den rüttelnden Auswandererbähnchen. So gut es ging, wurden die Leute in Viehwagen zusammengepfercht. Es waren asthmatische, kleine Züge. Sobald es ein bisschen aufwärtsging, bewältigten sie die Steigung nicht auf Anhieb. Wenn sie halb oben waren, glitten sie wieder zurück. Dann nahmen sie zwei oder drei Anläufe, und schliesslich gelang es ihnen, unter Pusten und Dampfausspucken doch noch, hinaufzugelangen. Dann schöpften sie auf Nebengeleisen neuen Atem, um die Eisenbahnzüge der Herrschaften vorbeifahren zu lassen. Halbe Tage lang standen sie dort still, und die Leute betrachteten irgendeine verlorene Station des Mittelwestens. Und bei der Rückfahrt, achtzehn Jahre später, muss es nicht viel anders gewesen sein.

Ich kann nicht genau angeben, was mein Vater in Amerika eigentlich gemacht hat. Er erzählte nie von seinem Leben dort drüben. Darin war er so verschlossen und verschwiegen wie in vielen andern Dingen. Und es existiert kein einziger Brief von ihm. Sicher reiste er sehr weit in den Süden, gegen Mexiko hin, nach Tucson oder Phoenix, was weiss ich. Er hatte die Pueblos der Indios gesehen. Er sprach von der Freude der mexikanischen Frauen, wenn sie sich irgendeinen roten Fetzen umbinden konnten. Ab und zu erinnerte er sich auch an eine, die eines ihrer Kälbchen mit schleppender Stimme liebkosend Juaniiiito ... nannte. Er ahmte sie gut nach. Und manchmal entschlüpfte ihm ein spanisches Wort: *burrito, muchacho, tortillas.* Er muss für diese elenden und gastfreundlichen Menschen grosse Sympathie gehabt haben. Übrigens liebte er Fremdsprachen. Sobald er irgendwo Gelegenheit hatte, sprach er mit Vergnügen Englisch. Ich glaube, er konnte es recht gut. Auch sprach er ein paar Worte Französisch. Eine Zeitlang hatte er in einem Restaurant, bei einem Graubündner oder Franzosen oder was es war, als Tellerwascher, Kellner oder Koch gearbeitet. Dan Hetz hiess jener Restaurateur. Es war ein hartes Leben. Von morgens drei Uhr bis abends neun Uhr war er auf den Füssen, und das jeden Tag. Wenn es nötig war, konnte er sehr gut kochen. Manchmal machte er uns *corn bread,* eine ländliche, sehr milde und schmackhafte Süssspeise aus Mais und Weissmehl.

Da ihm das Glück dort drüben nicht hold gesinnt war, hatte er sich ein Pferd, einen Sattel, ein paar Stiefel und eine Decke gekauft und war ganz allein durch die Wüste von Arizona geritten. (Wo jetzt einer unserer Vettern grosse Bewässerungsarbeiten durchführt.) Nachts band er das Pferd an einen Kaktus, zündete sich ein Feuer an und legte sich, mit dem Sattel als Kopfkissen, schlafen. Wenn er das Zischen der Klapperschlangen hörte, sattelte er sein Pferd und zog weiter ... Tatsächlich will es mir nicht gelingen, mir meinen Vater in der Jacke eines Cowboys vorzustellen, denn er war, wie kaum ein anderer, ein wehrloser Mensch. Doch als unbestreitbares Zeugnis ist drunten im Keller einer seiner Stiefel übriggeblieben. Er ist ganz eingetrocknet, fast versteinert. Er hat ihn mitgebracht, als er in die Heimat zurückkehrte. Ebenso hat er auch etliche braun eingebundene kleine Bücher mit vielen Bildern mitgebracht, denen ihre verblichene Farbe etwas von Halluzinationen verleiht. Auf den Bildern sind Szenen aus dem Leben im Far West zu sehen, Pferde, Lassos, wilde Tiere, Cowboys, die um die Vertiefung des *barbecue* herumsitzen und essen. Unter andern Bildern war auch das des Pioniers zu finden, der tot neben dem Planwagen liegt. Tot ist auch einer der vor den Karren gespannten Büffel. Und der Bison, der Urheber des Blutbades, schaut den Toten, dessen Beine unter dem Karren hervorschauen, grimmig an. Eines der Beine ist nackt. Der Stiefel steht dort mitten im Bild neben dem Gewehr. Als Knabe verwechselte ich immer den Stiefel meines Vaters mit dem des Toten.

Später hatte er sich mit seinem Bruder Giovanni zusammengetan. Sie hatten in der Nähe von Prescott ein Gut erworben und zogen wilde Kühe auf. Es gab dort auch eine Quelle, die dann von der Stadt angekauft wurde. Manchmal ritten sie hinaus und zählten die vier- oder fünfhundert Tiere, wenn diese zur Tränke an die

Quelle hinuntertrabten. Mit den Kühen zog oft auch ein schöner Hirsch daher. Eines Tages nahm mein Vater das Gewehr. Er wollte den Hirsch erlegen. Als echte Cowboys wollten sie ihn dann am *barbecue* braten und essen. Der Hirsch kam denn auch getreulich zum Rendezvous. Mein Vater legte an und zielte. Der Hirsch trank ruhig. Sicher wäre er eine leichte Beute gewesen. Aber im letzten Augenblick fehlte meinem Vater der Mut. Weshalb sollte er das arme Tier töten? ... Und so kehrte er mit kaltem und sauberem Gewehr, aber leichten Herzens, nach Hause zurück. So war mein Vater. Er war unfähig, jemandem etwas Böses zu tun, nicht einmal einem Hirsch, ja nicht einmal einer Fliege, denn er war jeder Gewalttat abgeneigt.

Ich glaube, sie führten dort drüben ein primitives Leben. Sie hausten in Holzbaracken. Als uns viele Jahre später der Onkel Giovanni mit seinen Kindern besuchen kam, betrachteten die Knaben unser einfaches Haus mit grossen Augen, wie etwas ganz Ausserordentliches, etwas, das nur reiche Leute besitzen.

Als mein Vater in die Heimat zurückkehrte, blieb die Hazienda in den Händen Onkel Giovannis zurück. Irgendwann einmal schrieb dieser, die Tiere seien alle tot, sie seien an der Trockenheit zugrunde gegangen. Es sei ein richtiges Unglück. Nach einem Briefwechsel kam es zur Liquidation. Diese fiel karg aus, war aber der Grund dafür, dass wir Kinder Geschenke bekamen. Mein Bruder erinnert sich, dass mir ein Paar Sandalen zufielen.

Im Alter von sechsunddreissig Jahren kehrte mein Vater aus Arizona zurück. Er hatte sich ein paar Dollars erspart und brachte einen mit Nägeln gespickten Koffer mit. Dieser war so dicht mit Nägeln übersät, dass es aussah wie der Schmuck eines Fest-Ochsen. In dem Koffer befand sich eine Decke, ein schönes blaues Obergewand, jene Büchlein, von denen ich schon erzählte, und ein dicker Band: Byrons sämtliche Werke (New York, 1883). Siebenhundertfünfzig in winzigen Buchstaben eng bedruckte Seiten mit einigen Vignetten. Dieser Band war ganz in Leder gebunden und trug den Namen meines Vaters, A. Bianconi, in Goldbuchstaben auf den Rücken geprägt. Es war dies eines der ersten Bücher, die ich durchblättern durfte, und ich erinnere mich an einige Illustrationen, die mir grossen Eindruck machten, Mazzeppa lag nackt auf dem Rücken eines wilden Pferdes, das gespenstisch durch einen dunklen Wald galoppierte, wobei Wölfe heulend darum herumsprangen. Ferner war der Todesengel zu sehen, wie er seine Flügel über das Heer Sennaheribs breitete.

Mit den Dollars, die mein Vater aus Amerika mitgebracht hatte, erwarb er sich, zusammen mit seinem Bruder Innocente, von den Rusca ein Gut, die Fracce in Minusio, in der Nähe der «Verbanella». Dieses Gut teilten sie so, dass es halb dem einen und halb dem andern gehörte.

Auch der Onkel Innocente war aus Amerika zurückgekehrt. In Denver, in Kolorado, hatte er das väterliche Handwerk ausgeübt. Er war Scherenschleifer. (Als Knabe war er seinem Vater bei dessen Wanderungen durch die Gegend um Lugano gefolgt.) Mit einem Karren, zwei Pferden und einer gut ausgerüsteten ambulanten Werkstatt zog er durchs Land. Er hatte sich darauf spezialisiert, Metzger-Sägen zu schleifen. Als er zum ersten Mal in die Heimat zurückkehrte, arbeitete er kurze Zeit in einer Uhrenfabrik in Arogno. Er vermählte sich mit einem Mädchen von dort unten und nahm es nach Amerika mit. Als er zum zweiten Mal zurückkehrte – seine Frau war inzwischen gestorben –, verheiratete er sich wieder und eröffnete in Locarno eine mechanische Werkstätte. Er baute sich ein schönes Haus und besass einen Laden, in dem er Fahrräder und Nähmaschinen verkaufte.

Mein Vater war seiner Art nach zurückhaltend und ruhig. Der Onkel Innocente aber war kontaktfreudig, expansiv, laut, fröhlich und voller Initiative. So weit ich mich erinnere, hat er seinen Wohnsitz mindestens viermal gewechselt. Doch hatte er auch seine trägen Zeiten.

Die Vormittagsstunden widmete er der Arbeit und dem Laden. Er begann den Tag mit einem Spaziergang zum Inselchen, wo er sich in der freien Natur erleichterte. Den Nachmittag aber verbrachte er mit seinen Gefährten meistens *procul negotiis* bei langen Aufenthalten im Albergo dell'Angelo, wo sie Tressette spielten und lange Virginiazigarren rauchten, die ihnen die breiten weissen Schnurrbärte ambrabraun färbten. Und wehe, wenn man sie dabei störte! Manchmal kam sein Sohn Frank und rief ihm zu: «Pa, da ist ein Mann, der ein Fahrrad kaufen möchte.» Oder: «Es ist ein Vertreter da, der dich sprechen will ...» – «Schon gut, sag ihm, er soll einen Moment warten.» Wenn er dann ein paar Stunden später im Laden auftauchte, waren sowohl der Mann, der das Fahrrad kaufen wollte, als auch der Vertreter natürlich schon seit einer Weile verschwunden ...

Am Weihnachtsmorgen rief er uns immer zum «Tom and Jerry», einer Art Zabaione, der herrlich schmeckte. Er kochte ihn mit Whisky und sagte, er sei das Weihnachts-Frühstück der Amerikaner. Und zum Mittagessen forderte er den nicht weniger traditionellen Truthahn.

Mein Vater erwarb sich also zusammen mit dem Onkel Innocente jenes Gut. Er bewohnte die östliche Hälfte. Diese umfasste ein altes Haus an der Strasse, einen steilen Weinberg und ein wenig Land gegen den See hinunter. Dorthin nahm er seine Frau mit.

Das Haus war ein alter, grosser, verlotterter und unbequemer Bau. Es gab dort Treppen und Stiegen, Flure, Zimmer und Kämmerchen, und darin wohnten Mensch und Vieh. Es gab auch einen Büttenkeller und einen Heuschober. Alles war mehr oder weniger gut erhalten. Und vielleicht hätte es in der Hand eines Menschen mit Phantasie zu einer geräumigen Behausung, zu einem Labyrinth werden können. Der Mittelbau muss ein Überrest der herrschaftlichen Villa gewesen sein. Er stammte aus dem 18. Jahrhundert. Dort gab es einen grossen Saal mit einem Kamin und einer Kassettendecke. Doch habe ich ihn nie leer gesehen. Immer war er bis zur Decke mit Reisigwellen und Heu angefüllt (daher stammte sein Name: *la fegnèra*). Aber mein Vater legte – aus seiner ererbten Tatenlosigkeit heraus, die ihn dazu veranlasste, zu resignieren, alles so zu nehmen, wie es war – nur wenig oder fast gar nicht Hand an die Dinge. Und doch hätte er mit sehr geringer Anstrengung das Leben der Mutter bequemer und weniger hart machen können. Er tat es nicht aus Böswilligkeit, wirklich nicht. Aber es kam praktisch auf dasselbe heraus.

Da war zum Beispiel das Wasser. Zunächst benützte man eine Zeitlang das aus dem nahen Bach. Ein rudimentärer Zufluss führte es in einen steinernen Trog im Hof. Bei schlechtem Wetter war es mehr Schlamm als Wasser. Aber noch öfter war überhaupt kein Wasser da. Ein bisschen Trockenheit genügte, und der Bach war vollständig versiegt. Dann musste man bis zum See hinuntergehen, zu den reinen Quellen am Ufer oder zur Mineralquelle in der Navegnaschlucht.

Meine Mutter musste sich bei schönem und bei schlechtem Wetter zum See hinunter begeben, um ihre Wäsche zu waschen. Erschöpft und ganz durchnässt kehrte sie jedes Mal mit dem schweren, tropfenden Tragkorb auf dem Rücken zurück. Und in Zeiten der Trockenheit musste sie das Vieh hinuntertreiben, damit es getränkt werden konnte. Einmal wären die aufgeregten Kühe beinah an eine hohe Leiter gestossen, auf der ein Flachmaler arbeitete. Um ein Haar wäre der Ärmste hinuntergestürzt und zerschmettert auf der Terrasse liegen geblieben. Man stelle sich den Schrecken der armen Frau vor! Als wir dann endlich Trinkwasser bekamen, gab es beim Trog im Hof nur einen einzigen Wasserhahn! So musste die Mutter unaufhörlich hinuntergehen, um die Kupferkessel zu füllen. Auch hatte der Schüttstein keinen Abfluss. Oder besser gesagt, es gab überhaupt keinen Schüttstein ...

Die einzige Neuerung von einigem Wert war ein offener Raum über dem Büttenkeller (la *masnadora*, wie wir es nannten), in dem man die Trauben kelterte, die von dort aus in den weiten Schlund des Bottichs hinunterfielen. Und durch eine dicke Röhre rann der neue Wein dann in die Fässer im Keller. Das war alles gut ausgedacht. Das Werkzeug aber, die unerlässlichen Geräte (Hämmer, Zangen, Sägen usw.), war völlig unzulänglich, rudimentär. Das Wahrzeichen war ein halber Kürbis voller rostiger Nägel. Nur was die Pflege des Weins anbelangte, scheute mein Vater keine Ausgaben. Er hatte sich eine sehr schöne Torkel angeschafft, sowie eine Maschine, welche die Trauben auspresste.

Das Erste, was man beim Eintritt durch die Küchentür im ersten Stockwerk sah, waren die Kupferkessel fürs Wasser, die man dort aufgehängt hatte. Der Boden bestand aus Steinplatten. Dort gab es auch einen Kamin und einen niedern gusseisernen Ofen, sowie einen kleinen Schrank mit Glasfensterchen und einen grossen Tisch mit einer Tischplatte aus hellem Nussbaum. Aber in der Küche hielt man sich sozusagen nie auf ausser bei den Mahlzeiten und an den Winterabenden beim Licht der Öllampe. Im Sommer, wenn alle draussen bei den Feldarbeiten waren, kam ich manchmal in die Küche, um über dem Kohlenbecken ein bisschen Kaffee aufzuwärmen. Dieses Kohlenbecken hing immer an einer Kette über dem Herd. Dann hörte man nur das Summen der Fliegen und das Ticken des Weckers auf dem Schrank. Auf dem Zifferblatt trug der Wecker eine gemalte, stehende, mit Lanze und Schild bewehrte Helvetia. Sie war vielleicht infolge einer häuslichen Überholung voller Petrolflecken.

Hinter der Küche lag ein kleines Zimmer *(dent da dent)*

mit einem Fussboden aus holprigen Dielen. Dort bewahrte man in Säcken oder Kübeln die Vorräte auf: Reis, Zucker, Mehl, denn wir kauften immer alles en gros. Dort stand auch die Nähmaschine, und im Lauf der Zeit kamen ein paar respektable Möbelstücke hinzu. An den beiden Fenstern hingen, wer weiss weshalb, Vorhänge aus gestärkten Spitzen. Im Herbst starben dort die Fliegen. Aus diesem kleinen Raum führte eine Türe ins Schlafzimmer der Eltern. Neben dem breiten Eisenbett stand der Kabinenkoffer aus Amerika. Dort bewahrten sie das Geld auf. Manchmal durften wir mit den dicken Kupfermünzen spielen. Aus dem kleinen Zimmer führte auch eine grosse Holztreppe zum Dachboden und dem Zimmer der Schwestern hinauf. Die Treppe füllte das Zimmerchen fast zur Hälfte aus. Als Knabe schlief ich auf einem Sack, der mit Buchenlaub gefüllt war. Zu meinen intensivsten Erinnerungen gehört dieser Geruch nach sommerlichem Wald, und die liebreiche Wärme des Laubsackes, in den der Körper eine tiefe Mulde grub. Es war herrlich, dort hineinzusinken und alles zu vergessen. Besonders wenn das Wetter feucht und kalt war, dünkte mich diese trockene und nach Wald duftende Wärme etwas Wollüstiges. Dort hörte ich, unter die Decken gekauert, dem Regen zu, der auf die schmalen Dachziegel trommelte. Wenn ich den Arm ausstreckte, konnte ich das Dach beinah berühren. Ich schlief dort so gut, dass meine Mutter sich morgens, wenn sie mich weckte, am Fuss der hohen Holztreppe den Hals wund schreien musste. Oft gab ich ganz unbewusst Antwort, so dass die Ärmste immer wieder kommen und mich rufen musste. «Es ist, als riefe man die Toten wach!», sagte sie, wenn ich mich endlich gähnend und mich dehnend entschloss, die verführerische Wärme zu verlassen, ich Siebenschläfer, der ich von Natur aus bin. Und damals war ich es noch mehr als später, denn damals war ich noch in jugendlichem Alter.

Der Dachboden, wo ich schlief, erhielt sein Licht durch zwei kleine, dicht über dem Boden befindliche Fensterchen, die mit einem dünnen Eisengitter verschlossen waren. An diese klammerte ich mich, verbrachte lange Stunden und betrachtete erstaunt den warmen Sommerregen. Ich sah den Wassertropfen zu, die den Telegraphendrähten entlang rannen, welche in leichter Neigung vor den kleinen Fensterchen vorbeiliefen. Die Tropfen rannen, einer nach dem andern, sachte dahin, einer ganz langsam, ein anderer etwas schneller. Und der schnellere fand ein verhängnisvolles Ende, indem er sich mit dem vorauseilenden vereinigte. Daraus entstand ein einziger Tropfen, der zu schwer war, sich vom Draht löste und im Schlamm der Strasse zerbarst. So verbrachte ich viele gedankenlose Stunden, aufmerksam dieser unendlichen Prozession von Tropfen auf den Telegrafendrähten zusehend, die schwarz und parallel vor dem grauen Hintergrund des Sees und des Nebels verliefen. Es war beinah ein unberührbares japanisches Bild. Doch wer weiss, was für erschreckende Nachrichten diese Drähte mittlerweile weiterleiteten ...

Ich erwähne diese meine kindlichen Trägheiten aus Liebe zum Kontrast, um zu zeigen, wie sie sich von dem ruhelosen Rhythmus, der in unserm Haus herrschte, abhoben, von den Arbeiten, die sich ohne Unterbruch folgten und nach Armen und Kräften verlangten. Besonders die Mutter, die wirklich die Säule des Hauses war, trug alles auf ihren Schultern. Ich aber war der Jüngste der Familie, das «Nesthäkchen», wie man es nannte, der Benjamin. Von eher schmächtigem Körperbau wurde ich, zur geringen Freude meiner Brüder, stets geschont und von den schweren Arbeiten ausgenommen, obwohl deren viele waren, die nie aufhörten. Da waren die Arbeiten im Hause. Vorräte mussten gesammelt werden, wie es überall geschieht. Dann war da der steile Weinberg, ferner die Wiese unterhalb der Strasse, und draussen in der Magadino-Ebene (neben dem heutigen Flugplatz), ein grosses Stück Land, das Heu lieferte, und ein weiteres im Inferno, das Streu fürs Vieh einbrachte, für diese zwei oder drei mageren Kühe, die im Stall standen. Während die Meinen diese kleine Hazienda bewirtschafteten, zogen sie die Familie gross und zwar nicht kärglich, sondern mit bewundernswerter Hingabe und grosser Ausdauer.

Mein Vater war ein eher kleingewachsener Mann. Er war auf melancholische Art ernst und machte zu Hause wenig Worte. Doch war er bei seiner Tätigkeit methodisch, präzis und ausdauernd. So machte er seine geringen Kräfte wieder wett. Seinen Reichtum hatte er durch Sparen erworben, durch freiwillige, nicht erduldete Entbehrungen. Er führte ein sehr geregeltes Leben ohne Zerstreuungen und, möchte ich sagen, ohne Langeweile, nicht unruhig, aber auch nicht gierig. Sein Luxus bestand darin, sich mit wenigem zufriedenzugeben und seine Ansprüche und Wünsche zu zügeln. Darin war er der echte Sohn des Grossvaters.

(Gewiss, man muss es sagen: dieses Messen aller Dinge an den eigenen Bedürfnissen, an der eigenen Fähigkeit entbehren zu können, dieses Sich-zufriedengeben-Können birgt zwar eine grosse Weisheit, ist aber für den Nächsten, der andere Ansprüche hat oder haben möchte, nicht immer vergnüglich. Es ist eine Garantie für ein ruhiges Leben, gewiss. Aber es ist eine Tugend, die sich ohne ein bisschen Egoismus nicht ausleben lässt.)

Mein Vater mass seine Mühen und seine Emsigkeit an den eigenen, bescheidenen Kräften, an seiner nicht immer blühenden Gesundheit. Er war häufigen Bronchialkatarrhen unterworfen. Die Mutter pflegte ihn mit argwöhnischer und wachsamer Liebe. Sie brachte ihm, wenn er arbeitete, immer heissen Tee und Wein oder ein Ei, eine Erfrischung. Und wenn der Vater gezwungen war, das Bett zu hüten, pflegte sie ihn eifrig, obwohl die grösste Last der Arbeiten und Sorgen auf ihren Schultern lag. Einmal litt er auch an einer starken Gelbsucht, wie dies eine sonderbare, ganz dunkle Sonnenbrille bestätigte, die seitlich mit einem dichten kleinen Netz versehen war, und die man mit zwei Bändern hinter dem Nacken zusammenknüpfte. Ein geheimnisvoller Gegenstand! Allein, obwohl er so kränklich war, zog er aus Eitelkeit nie einen Mantel an, obwohl er aus Arizona einen sehr schönen aus weichem blauem Stoff mit einem glänzenden Futter aus goldgelber Seide mitgebracht hatte. Ebenso weigerte er sich hartnäckig, eine Krawatte zu tragen. Meine Mutter musste nicht wenig «kämpfen», wie sie sagte, um ihm für besonders feierliche Gelegenheiten eine anziehen zu können. Immerhin trug er im Winter immer Flanellhemden oder solche aus schwerer Wolle. Kleingewachsen, wie er war, hielt er sich sehr gerade. Er hatte die Angewohnheit, sich mit den Händen an den Revers der Jacke zu halten. Er war nie nachlässig in seiner Haltung.

Er vermied schwere Arbeiten und trug niemals Lasten. Nie habe ich ihn mit der Gerla auf dem Rücken gesehen, während ich meine Mutter selten ohne eine solche sah. Doch der damals herrschende Brauch oder Missbrauch wollte es so. Den Frauen kam es zu, Lasten zu tragen ... Wenn nötig, verschaffte sich mein Vater Hilfe. Da war ein kleines Männlein, das musste ihm den Dünger auf den Weinberg hinauftragen. Es war ein Venezianer, der wie ein Zicklein hinauflief. Man musste einen Pfahl quer über den Weg legen, um ihn aufzuhalten, sonst wäre er bis zum Gipfel des Berges hinaufgeklettert. Doch Landarbeiten sind fast immer beschwerlich. Das Mähen zum Beispiel, droben auf den steilen und schmalen «brughe» des Weinbergs. Oder das Spritzen der Reben mit Schwefel und Kupfergrün, das Hindurchkriechen – grün wie eine Smaragdeidechse – unter den Reihen der Weinstöcke, mit der Pumpe auf dem Rücken. Wir Knaben mussten die himmelblaue Brühe in Petrolkanistern hinauftragen, und diese waren schwer und schillernd. Sie reichten uns bis auf die Fussknöchel und scheuerten diese wund, bis Blut floss. Doch die härteste Arbeit war das Mähen der Wiesen in der Magadinoebene, denn wir brauchten Heu und Strohlager fürs Vieh. Nachts um zwei Uhr machten sich die Männer auf den Weg, beladen mit dem nötigen Werkzeug, mit Sensen, Rechen und einem Fässchen Wein. Lange Kilometer weit gingen sie im Dunkeln. Beim Morgengrauen begannen sie zu mähen, obwohl sie da schon müde waren, und mähten die ganze, mächtige Wiese von ungefähr achttausend Quadratmetern. Dann kamen die Frauen, nachdem sie zu Hause zum Rechten gesehen und das Vieh versorgt hatten, mit dem Essen. Später musste das Heu verzettelt und dann gewendet werden. (Was die Marquise de Sévigné so reizend als «batifoler dans une prairie» bezeichnet.) Und gegen Abend musste man das Heu auf den Wagen laden und nochmals all diese langen Kilometer gehen. Ich erinnere mich, wie mein Vater nach solch mörderischen Tagen heimkehrte: weiss von Staub und grau vor Müdigkeit, vollständig erschöpft. Manchmal versank der Wagen im Morast. Oder es kam vor, dass er umwarf. Dann musste man nochmals alles aufladen, und wenn man endlich zu Hause war, den ganzen riesigen Berg Heu abladen und im Schober verstauen. Schlimmer noch war das Schilf. Es war so zäh, dass einem beim Mähen die Arme weh taten. Die Frauen mussten es zu Ballen binden. Daher stammt der liebliche Ausdruck «In die Hölle tanzen gehen» *(andare a ballare all'Inferno)*, das hiess, an diesem verdammten Ort, den man im lokalen Sprachgebrauch mit einem so verführerischen Namen schmückte, Streu binden.

Das waren Arbeiten, denen sich mein Vater willig unterzog. Seine wahre Leidenschaft aber war der Weinberg, sein richtiges Reich waren die Reben hinter dem Haus. Der Hügel war ganz mit edlen Rebstöcken bepflanzt, mit Freisa, Spanna, Bondola und so weiter. (Während unterhalb des Hauses nur amerikanische Reben wuchsen.)

Der Weinberg verlangte immerwährende Aufmerksamkeit. Der Lauf der Jahreszeiten erforderte eine unaufhörliche Kette von Arbeiten, vom Beschneiden bis zur Weinlese. Es war ein geschlossener Kreis, ohne Anfang und Ende. Wenn der Winter zu Ende ging, musste man die verfaulten Pfähle ersetzen. Dann kam die heikle Chirurgie des Beschneidens. Mit einem raschen Blick musste man die Triebe der Schösslinge erfassen, nachdenken und dann – ratsch, ein rascher Schnitt mit der Rebschere. Und die Frauen mussten folgen und die Ranken auflesen und sie zu Bündeln binden, denn im Sommer unterhielt man das Feuer damit. Das so beschnittene Schoss musste man mit einem weichen Weidenzweig festbinden, den man aus dem goldenen Bündel zog, das am Hosenbund hing. Doch die zauberhafteste Arbeit war das Beobachten des Reifens der Trauben. Man musste die verdorbenen Weintrauben ablesen. Lange Sommertage verbrachte der Vater damit, im Schatten der Rebstöcke zu kauern. Liebevoll wog er Traube um Traube in der Hand. Ich glaube, er kannte sie einzeln und nannte sie mit Namen. Die schönen dunklen Spannatrauben von rötlichem Violett, die so leicht waren. Oder die schwarze Bondola. Oder die Chasselas von der Farbe des Bernsteins, die sehr süss waren. Und wehe, wenn man sich erwischen liess, wie man verstohlen eine kleine Traube pflückte! Oder noch schlimmer: Welch ein Schrecken, wenn man eine Beere herauspickte ...

Doch sonderbarerweise wurde diese seine Begeisterung schwächer und erkaltete schliesslich ganz, wenn die Trauben aus der Weinkelter des Bottichs fielen, um sich in Wein zu verwandeln. Natürlich tat er aufmerksam alles, was zu tun war: Er pflegte die Gefässe, er goss um, er überwachte sie und so weiter. Aber das alles tat er ohne Begeisterung. Die hatte er beim Wohlgefallen an den Trauben ganz und gar verbraucht ... Mit andern Worten: Er hörte da auf, wo der Künstler alle Kräfte und Sorgfalt darauf konzentrierte, sein Werk zu relativer Vollkommenheit zu steigern. Kurz, er legte mehr Ehrbarkeit als Weisheit hinein. Trotzdem war sein Wein sehr gut und gesucht. Ein wenig davon schickte er nach Mascengo im Livinental, und sogar in den Kanton Appenzell, an eine Adresse, die ihm wahrscheinlich von den Lüschers vermittelt worden war, einer Familie von aargauischen Landwirten, die das grosse Gut Verbanella gekauft hatten, das früher dem Brofferio gehört hatte, und die ganz in unserer Nähe wohnten. Sie sorgten auch, wenn dies nötig war, für die Korrespondenz in deutscher Sprache. Man brachte die Fässer mit dem Pferdchen der Lüschers zum Bahnhof Tenero, wo man sie nach Monaten leer wieder holen musste. Dazu genügte dann der Handkarren. Aber den grössten Teil des Weins kaufte der Onkel Giuseppe, der in Mergoscia die Osteria führte. Doch wenn mein Vater dort oben seinen Wein probierte, rümpfte er die Nase und murmelte etwas vor sich hin. Er erkannte ihn nicht mehr ganz als den seinen. Der Onkel hatte wahrscheinlich irgendetwas daran manipuliert ... Ein wenig Wein verkaufte er auch im Einzelhandel an Leute, die mit der Flasche kamen, oder an Fuhrmänner, die sich an den Steintisch im Hof setzten, an Bekannte und Vorüberziehende. Allein, er besass das dafür notwendige Patent nicht, so dass er sich einmal eine Busse zuzog.

Eine Arbeit, die ihm besonders zusagte, war die Destillation des Weintresters. In einem Raum vor einem der Keller stand ein Ofen für den roten kupfernen Destillierkolben. Glückselig hielt sich mein Vater den ganzen Tag dort auf und überwachte die Tropfen, die aus den Strohhalmen fielen, und atmete den warmen Dunst des Grappa ein. Dies war eine Beschäftigung, bei der er sitzen und nachdenken konnte. Dort sass er denn auf dem niedern Schemelchen, was seiner trägen Geruhsamkeit sehr entsprach. Ab und zu musste man ihm etwas zur Hand gehen und den rauchenden Trester auf den Misthaufen werfen oder den Destillierkolben neu beladen.

Ich erinnere mich nicht, ihn jemals die Schwelle einer Schenke überschreiten gesehen zu haben, oder ihn beobachtet zu haben, wie er Karten spielte. Auch rauchen sah ich ihn nie. Doch gefiel ihm der Duft des Tabaks, der trockenen Toscani oder der Havanna. (Denn manchmal kamen Herren vorbei, die welche rauchten.) Ich denke, er hat sich von diesen Ausschweifungen oder Lastern ohne Anstrengung ferngehalten. Doch tat er es mit einer Ausdauer, die beinah an Busse denken liess. Natürlich trank er bei Tisch. Aber da er sehr auf seine Gesundheit achtgab, vermied er es, kalt zu trinken. Im Winter stellte er eine heisse Rübe in den Boccalino, oder ein Stück Eisen, das er aus dem Feuer genommen hatte. Beim Trinken tauchte er den grossen Schnurrbart in den Wein und leckte ihn dann, zum grossen Ärger der Frauen, lächelnd ab.

Er stand immer sehr früh auf. Seine verschiedenen Arbeiten besorgte er ruhig und mit spontaner Ausdauer, ja, mit chronometrischer Genauigkeit. Er richtete sich nach dem Vorübergehen des Bäckers oder der Postkutsche, die ins Verzascatal fuhr, oder nach den Eisenbahnzügen. Gegen vier Uhr nachmittags fuhr der Zug vorbei, den man den «Zug der Kühe» nannte. Kaum hörte man ihn vorbeiklirren, rief mein Vater seiner Frau zu: «Ghita! Ghita!» Dann musste sie melken gehen. Kurz darauf folgte mit ihrer Kupferbrente die Frau, welche die Milch verkaufen ging. Meine Mutter musste das Vieh überwachen, musste melken, es geleiten, den Stall säubern und es mit irgendeinem Nachbarn hüten, wenn die Kühe kalberten. Mein Vater liebte die Kinder sehr. Er hatte eine ganze Reihe von Enkelkindern. Aber er war parteiisch. Er war ein Mensch von sehr entschiedenen Sympathien und Antipathien. Er liebte Tiere, besonders Katzen. Er hielt sich immer eine. Und als die Familie in das neue Haus beim Fontile zog – was für ihn ein grosses Opfer und einen Verzicht bedeutete –, kehrte er jeden Tag mit einer kleinen Flasche Milch in die Fracce zurück, um seinen «Gunas», wie er die Katze nannte, zu tränken. Denn eine Katze, sagte er, hängt am Haus. Doch in Tat und Wahrheit hing er, mehr noch als die Katze, an dem alten Haus. Und er muss nicht wenig gelitten haben, als er sich an das neue gewöhnen sollte, wo er sich, glaube ich, nie so richtig wohl fühlte.

Er hatte grosse Sympathie für die Armen, für den Blinden von Malvaglia, für die Kesselflicker des Val Colla, denen er im Heuschober immer ein Lager bereithielt. Niemandem verweigerte er die Mildtätigkeit eines Glases Wein oder einiger Soldi. Er klaubte sie sich aus der Westentasche, und es lag ihm am Herzen, zu sagen, nie solle einer mit leeren Händen weggeschickt werden.

Da er eher verschlossen und peinlich genau war, war es nicht leicht, ihm bei seinen Arbeiten zu helfen. Er verlangte Behändigkeit und Genauigkeit. Und er wurde rasch ungeduldig und zornig und besass gar kein pädagogisches Talent. Eine «Tugend», die er seinen Söhnen in reichem Masse vererbt hat. «Nur nicht so viel Geschichten», sagte er in seiner unduldsamen, autoritären Art. Von seinen Unduldsamkeiten ist mir eine im Gedächtnis haften geblieben: Wenn er sich am Küchenfenster rasierte, war es strengstens verboten, sich zu bewegen oder Lärm zu machen. Ich möchte fast sagen: es war verboten, zu atmen. Beileibe aber durfte man keine Türe aufmachen, und das, wo der Durchzug in unserer Küche sozusagen beheimatet war, denn die Türen und Fenster schlossen nach eigenem Belieben. Sein Seifenwasser rührte er in einem schönen Porzellantiegel an, den er aus Amerika mitgebracht hatte. Er lehnte einen Spiegel mit goldenem Rahmen ans Fenster. Und dann hörte man in der verhängten Stille der Küche nichts anderes mehr als das Summen der Fliegen und die Rasierklinge, die über den harten Bart auf der väterlichen Wange glitt. Glücklicherweise ereignete sich diese Zeremonie nur einmal in der Woche.

Die Zeremonie, die das Weinjahr beschloss, die Weinlese, war nicht immer heiter. Alles lief hin und her. Der Vater war unaufhörlich in Bewegung und manchmal schlechter Laune: Die Zeit war ungünstig, die Ernte gering und so weiter. Immer kamen dann Leute, um Hand anzulegen. Nie fehlte auch – so lange es anging – der Grossvater Barbarossa. Uns Kindern fiel der mühevolle Auftrag zu, den Traubenpflückern zu folgen und die

Beeren aufzulesen, die, besonders bei den amerikanischen Trauben, zu Boden fielen. Das war eine recht langweilige Arbeit. Allein – man ermutigte uns dazu, indem man uns immer wieder erzählte, aus den herabgefallenen Beeren hätten die Mönche einst, ich weiss nicht mehr wie viele Fässer Wein gewonnen. Zum Abschluss der Zeremonie kam stets ein feiner Panettone von Maurizio Padlina, dem Bäcker unseres Hauses. Bertini war unser Käselieferant. Rund und rosig und lächelnd stand Bertini in dem Laden, in dem es unglaublich duftete, hinter der Theke. Von Tattarletti aber bezogen wir die Wurstwaren, das Fleisch und die Salami. Der Vater hing sehr an diesen alten Ladenbesitzern und äusserte seine Abneigung gegen die ersten grossen Kaufhäuser, besonders gegen die ambulanten, die damals Geschäfte zu machen begannen.

Trotzdem er von eher verschlossener Gemütsart war, bereitete es ihm grosses Vergnügen, mit andern Landsleuten zu reden. Ausser Hause war er ein witziger und liebenswürdiger Gesprächspartner. Das wenige, was man von seinem Leben in Amerika wusste, erfuhr man nicht von ihm selber, man reimte es sich aus den Gesprächen zusammen, die er mit ein paar heimgekehrten Auswanderern hatte. Doch wurden diese Gespräche meist englisch geführt. Es waren endlose Plaudereien voller *well* und *yes,* und sie brachten mich, wenn das Zusammentreffen auf der Strasse stattfand, zur Verzweiflung. Ich stand dann dort, an die väterlichen Hosen geklammert und jammerte und protestierte: «Pa, gehn wir! ...» Wenn sie so beieinanderstanden, kam ihnen dies und das in den Sinn, und sie erinnerten sich immer aufs Neue und lobten die fernen Gebiete, die sie mit ihrem jugendlichen Schweiss getränkt hatten, als seien sie das grösste Schlaraffenland. Es machte meinem Vater viel Freude, sein Englisch auffrischen zu können. Nie verfehlte er eine Gelegenheit dazu. Einmal kam uns mein ehemaliger Englischlehrer besuchen. Mein Vater genoss dies unerhört. Und der Lehrer war von dem Gespräch sehr erbaut und wiederholte immer wieder den letzten Vers eines Sonettes von Hérédia: *Va, à présent tu sais que Gallus est un sage.*

Mein Vater war ein Mensch, der an Ordinärem kein Gefallen fand. Er besass viel geistige Freizügigkeit und war von scharfem, kritischem Geist. Aber er behielt sein Urteil für sich. Er verzettelte seine Gefühle nicht. Er war eher zu Bewunderung als zu Wertschätzung geneigt. Gutmütiger Spott lag ihm nahe, und er verulkte seine Nächsten gern. Er war nicht ungebildet; dies bezeugt der Band mit den Dichtungen Byrons. Vor allem aber gefielen ihm Schwankdichtungen. Wir hatten zu Hause ein Büchlein (wie viel gäbe ich darum, wenn ich es wiederfinden könnte!), das Scherze und geistliche, ziemlich grobe Witze enthielt. Aber die grösste und aufrichtigste Freude hatte er an der Lektüre seines über alles geliebten Porta, von dem er eine hässliche Ausgabe besass, ein unordentlich gebundenes Buch mit Vignetten. (Später merkte ich, dass es plumpe volkstümliche Nachahmungen der Holzschnitte von Gonin und Riccardi in der Ausgabe von Guglielmini und Redaelli aus dem Jahre 1842 waren.) Abends ging mein Vater gleich nach dem letzten Bissen des Abendessens zu Bett und nahm die «Kuhlaterne» mit. Wir blieben noch ein bisschen unter dem runden Schein der Lampe, die von der Decke hing, am Tisch sitzen. Und der schweigsame Abend klang mit sonderbaren Tönen aus. Denn aus dem Schlafzimmer drang das Quietschen und Kreischen der Matratzenfedern des eisernen Ehebettes, wo mein Vater von Herzen lachte, wenn er zum x-ten Mal die unglücklichen Abenteuer des *Giovannin Bongee* oder des *Marchionn di gamb avert* las. (Es war eine bereinigte Ausgabe, daher fand er die Geschichte von *Ninetta del Verzee* nicht darin.) Und sein Vergnügen teilte sich uns durch das Quietschen mit, das seinen langen geduldigen Tag fröhlich beschloss. So wurde der *Porta* zu einer meiner ersten literarischen Erfahrungen. Oder besser: er wäre es geworden, wenn nicht die Strenge meiner Mutter das Buch in den *Index librorum prohibitorum* unseres Hauses eingereiht hätte, wo übrigens nicht allzu viele Bücher vorhanden waren. Da gab es nichts daran zu rütteln: Meine Mutter war der Meinung des Kanonikus Tosi, und ihr leichter Hang zum Jansenismus liess sie die Besorgnis des Zensors im Hinblick auf die Wunder des *Porta* teilen ... Jahre später las ich manchmal abends, zur grossen Belustigung meines Vaters und gelegentlicher Helfershelfer im *Porta*, während meine Mutter sich Mühe gab, ein Lächeln zu unterdrücken und immer wieder sagte: *Lauter Komödien und Dummheiten!*

Mein Vater liebte es, zu räsonieren, zu wissen, zu sehen. Wie oft habe ich seine Fragen unhöflich beantwortet. Und wie zornig wurde ich, wenn ich jenen Ausspruch hörte, der ihm oft auf die Lippen trat: Ich weiss es nicht ... Als Knabe dünkte es mich, ein Mann in seinem Alter müsse einen Haufen Dinge wissen. Als ich älter wurde, habe ich begriffen, dass dieser Satz nichts anderes war als konzentrierte Weisheit und Erfahrung. Und was sind Weisheit und Erfahrung anderes, wenn nicht das immer begründetere Bewusstsein der eigenen Unwissenheit ...

Er schwärmte für Reisen. Er wollte Rom, Florenz, Venedig, Neapel sehen. (Einmal war er in Mailand an einer internationalen Ausstellung gewesen.) Doch dann verzichtete er auf seine Pläne und schloss mit einem bittern und resignierenden Lächeln: «Ich werde dort vorbeigehen, wenn ich nach Mortara fahre ...» Er hatte nicht den Mut, sich von seiner methodischen und ruhigen Existenz, von seinen friedlichen Arbeiten zu lösen. Es gefiel ihm, zu Hause zu sitzen und zurückgezogen zu leben. Es war, als habe ihm jemand Unrecht getan oder habe ihm eine Ungerechtigkeit widerfahren lassen. Vielleicht verbarg er – wer weiss das – ein Geheimnis. Er liebte es, zu wiederholen: «Es kann einer gute Manieren, aber wenig Vertrauen haben!» Er mochte Sprichwörter. Oft sagte er: Man soll den Tag nicht vor dem Abend loben. In seinen gesammelten Ernst verschlossen sass er zufrieden oder resigniert in seinem Winkel. Sein Ehrgeiz war erloschen, vielleicht war er enttäuscht, wer weiss ...

Am Kämpfen fand er keinen Geschmack. Er wollte nicht widerstreiten, er wollte seinen Frieden um jeden Preis, selbst wenn er kampflos einer Übermacht weichen musste. Befugnisse und Plagen lud er gern auf die Schultern seiner Frau ab. Er mochte nicht hierhin und dorthin gehen, in den Läden diskutieren und so weiter. Und sie, angstvoll und unerfahren wie sie war, musste das alles auf sich nehmen. Es ging so weit, dass ein öffentlicher Beamter sie einmal fragte: «Aber gute Frau, seid Ihr denn Witwe?»

Für Politik interessierte er sich überhaupt nicht. Er stammte aus einer liberalen Familie. (Wenigstens seine Brüder waren liberal gesinnt.) Aber ich glaube, es war meine Mutter (die auch aus einer entschieden liberalen Familie stammte), die ihn auf die andere Seite zog. Denn sie war eine Frau von grosser Beständigkeit in ihren Meinungen, und sie war sehr religiös. Und ich glaube, auch auf dem Gebiet der religiösen Praktiken ereigneten sich die Dinge ähnlich.

Mein Vater war sehr genau im Erfüllen der religiösen Pflichten. Nie verfehlte er eine Messe. An Ostern ging er zur Kommunion. Wahrscheinlich kostete es ihn weniger Überwindung, nachzugeben, als zu diskutieren, Widerstand zu leisten und zu widersprechen. In seinem innersten Herzen musste er der apokalyptischen Kirche von Laodicea angehören. Vielleicht war er im Grunde seiner Seele von resignierter Gleichgültigkeit. Ich habe nie ganz begriffen, was sich hinter der schweigsamen, lächelnden und ein wenig ironischen Zwiespältigkeit meines Vaters verbarg. Er war ein verschwiegener und auf seine Art aristokratischer Mensch. Und er besass eine ausgeglichene Heiterkeit, die aus Verzicht und Müdigkeit bestand ...

So näherte er sich dem Tode: ohne Furcht und überflüssige Worte. Er wurde einfach immer schwächer und war zuletzt erschöpft. Meine Mutter hielt ihn mit ihrer unbeugsamen Frömmigkeit aufrecht, wie sie es mit ihrem

Lisandro immer, ihr ganzes Leben lang, getan hatte. Diese Liebe wurde ihr von ihm zurückerstattet. Das letzte Wort, das er zu mir sagte, war, ich solle auf die Mutter aufpassen. Er ahnte nicht, welch eine Last voller Gewissensbisse er mir damit auf die Schultern legte ... Er blieb nie im Bett liegen und verursachte niemandem irgendwelche Störungen. An den Abenden jenes Februar 1939 hörte man draussen auf den Feldern das Käuzchen rufen, diesen Verkünder des Todes. Es schluchzte, als wolle es Unheil andeuten. Er lächelte traurig und sagte: «Komm nur, komm. Ich bin bereit. Ich erwarte dich.»

An seinem letzten Abend sass er wie immer neben dem Ofen in der Küche und streichelte zärtlich seinen jüngsten Enkel. «Ciao Filippino, sei brav», sagte er. Dann erhob er sich wie jeden Abend und zog die Uhr auf, die neben der Türe hing. Er hielt sich nur mehr mühsam aufrecht und lehnte sich an den Türpfosten. Eine Träne lief ihm über die eingefallene Wange, die grau war vor Müdigkeit und Bartstoppeln. Dies war die einzige Träne, die ich je bei ihm gesehen habe. Am folgenden Tag, um die Mittagszeit, starb er. Er löschte sachte aus, still und schweigend, stumm und zurückgezogen, wie er gelebt hatte.

So erinnere ich mich an meinen Vater. Doch sind es Bilder von ihm als altem Mann, an der Schwelle des Todes. Wohl jeder kennt seine Eltern nur so, besonders, wenn sie spät geheiratet haben, wie es in unserer Familie beklagenswerte Tradition ist. Als junger Mann wird er sicher anders gewesen sein. Auch er wird, wie alle andern, seine Jugendsünden begangen haben. Immer, wenn ich an ihn denke, kommt mir der alte Prophet Elia in den Sinn, der sich in der Wüste erschöpft in den Schatten eines Ginsterstrauches setzte und den Tod mit den Worten herbeirief: *Neque enim melior sum quam patres mei ...*

10

MEINE MUTTER

Während ich aufmerksam darauf achte, aus den dunklen Fluten des Gedächtnisses eine Erinnerung an meinen Vater herauszufischen – über zwanzig Jahre sind vergangen, seit er dahinging –, bemerke ich, dass er verhängnisvollerweise so erscheint, wie er als alter Mann war, wie ich ihn habe kennen können. Er war 47 Jahre alt, als ich geboren wurde. Ich kann mich nicht daran erinnern, wie er in der Vollkraft seiner Jahre war, oder doch höchstens an ein paar Bruchstücke, die ich aus Gesprächen aufgeschnappt habe. Ich merke auch: wenn ich an einen seiner Mängel oder Fehler rühre oder gedämpft irgendeine seiner Tugenden wiedergebe, gleite ich, fast ohne es zu beachten, in mein Selbstbildnis hinüber. Diese Identität der Charaktere lässt mich, nicht ohne Bitterkeit, bedenken, dass es auch so etwas wie Ähnlichkeiten zwischen dem Dasein meiner Mutter und demjenigen meiner Gattin geben könnte ... Aber es ist wohl besser, sich nicht mit solch betrüblichen Gedanken abzugeben.

Verhängnisvollerweise sind auch die letzten und kräftigsten Eindrücke, die ich von meiner Mutter habe, solche aus ihren späten Jahren. Es waren sehr traurige

Jahre, belastet von tausenderlei Altersbeschwerden, von Einsamkeit und Blindheit. Ein klägliches Alter, das sie damit zubrachte, den Tod herbeizuwünschen, ihn gleichzeitig zu fürchten und doch sein Kommen zu ersehnen. Und dieses Bild, das ich von ihr habe, will sich über das andere legen, das ich aus ihren kräftigen Jahren besitze, da sie noch voller Energie war, obwohl sie zart, wenn auch gestählt war von der andauernden Mühe, die sie sich gab, um die Familie zu fördern, für alles zu sorgen und – wie sie sagte, mit Leuten und Dingen unaufhörlich zu «kämpfen». Dieses «Kämpfen» trat ihr oft auf die Lippen. Es war schon etwas mehr als ein blosses Sich-Wehren, ein Widerstand-Leisten. Es war eine Art persönliches Geprägtsein und setzte unaufhörliche Wiederholungen voraus.

Als junges Mädchen hatte sich meine Mutter in den Kopf gesetzt, sie würde mit dreissig Jahren sterben. Sie starb, als sie sechsundachtzig Jahre alt war. Dies passiert oft, wenn man sich einen frühen Tod voraussagt. Und ich hoffe, es werde auch einem andern geliebten Menschen passieren. Es ist, als mache es dem Tod Spass, auf sich warten zu lassen. Ich mag ungefähr zehn Jahre alt gewesen sein, als ich einmal mit ihr von Mergoscia herunterkam, und ich erinnere mich, dass sie sich kurz vor Contra, bei der letzten Wegbiegung, umwandte, das Heimatdorf betrachtete und ihm dann mit vor Rührung erstickter Stimme ein pathetisches Lebewohl zurief. So, als würde sie es nie mehr wiedersehen! Aber wie oft ging sie noch diese lange Strasse hinauf! Und wie viele Jahre, was für eine lange Reihe von Jahren voller Mut und Mühsal erwartete sie noch.

Meine Mutter starb also nicht mit dreissig Jahren. Sondern mit dreissig Jahren begann sie ein neues Leben. Sie verheiratete sich und übersiedelte in die Ebene. Sie begann ihr Leben als Gattin und Mutter. Fünf Kinder hat sie in acht Jahren aufgezogen, fern von jeder Bequemlichkeit, dort draussen in den Fracce, in diesem warmen und ruhigen Erdenwinkel, der einige herrschaftliche Landhäuser umfasste: die Verbanella, die Roccabella, die Baronata. Aber dieser Winkel war arm an Leuten. Das Haus, das dem unsren am nächsten lag, trug den Namen «Stimme in der Wüste». Es war ein mühsames Leben. Meine Mutter musste für das Haus sorgen und für den Stall draussen, für Menschen und Vieh. Auf alles musste sie ein Auge haben. Unermüdlich ging sie herum, immer mit der Gerla auf dem Rücken. Oder sie arbeitete draussen in den Feldern, oder wusch, wenn das Wasser im Haus fehlte, drunten am See Wäsche. Oder sie ging in die Stadt, um Vorräte einzuhandeln oder um ein bisschen Obst zu verkaufen. Sie erinnerte sich daran, dass man einen ganzen Vormittag brauchte, um eine Gerla voll Pfirsiche zu verkaufen, und dass das Kilo fünf Centesimi kostete. Oft musste sie – wenn es dringend nötig war, nach Hause zurückzukehren – das übriggebliebene Obst in den See schütten.

Was muss es wohl für sie bedeutet haben, sich in eine neue, eine andere Welt einzugliedern. Nicht so sehr, was die Arbeit betraf, die, wenn auch weniger grausam zerstreut, doch nicht weniger hart war; aber was den Umgang mit unbekannten, anders denkenden Leuten betraf, für sie, die so ängstlich, scheu und unbeholfen war. Mein Vater war in der Welt draussen gewesen. Doch deshalb war er nicht weniger darauf bedacht, sich von den Dingen fernzuhalten. Er überliess es ihr, sich um die *public relations,* die undankbaren Aufgaben und Lasten zu kümmern; ihr, die immer in ihrem Bergdorf gelebt hatte und die neben ihrer angeborenen Schüchternheit von Furcht erfüllt war, voll von Hemmungen und einem unbestimmten Schuldgefühl, wie es den Bergbewohnern unter Stadtleuten eigen ist. Nie wurde sie den Eindruck los, dass die andern viel erfahrener, viel schlauer seien als sie selbst.

Der Arbeitsrhythmus war folgendermassen gegliedert: Die Kinder wurden, kaum waren sie etwas grösser, in ein Collegio gesteckt, da die Mutter sich unmöglich um alles kümmern konnte. Sie musste für die Wäsche und Kleider sorgen und bei der unaufhörlichen Aufeinanderfolge der Arbeiten die wenigen Besitztümer in Ordnung halten, und zwar, ohne Atem schöpfen oder sich ausruhen zu können. Die Feiertage bereiteten ihr, religiös wie sie war, Sorgen, weil die Kirche so weit entfernt lag. Als junges Mädchen habe sie – erzählte sie uns – immer einen schwarzen Schleier in der Tasche gehabt, und sobald sie einen Augenblick hätte entschlüpfen können, sei sie in die Kirche gegangen. Damals hätte es keine Frau je gewagt, barhaupt eine Kirche zu betreten. Verstohlen ging sie dorthin. Heimlich raubte sie ihrer Arbeit irgendeinen Augenblick, um sich in *die* Gedanken zu versenken, die ihrem Herzen am nächsten lagen. Sie sagte, eigentlich wäre sie dazu berufen gewesen, ins Kloster zu gehen. Allein, die Anforderungen im Hause hatten diesen Wunsch in ihr erstickt. Immerhin muss man erwähnen, dass diese Berufung nicht gar so fest gegründet war. Die Schwester Maria eiferte ihr nach, musste aber, wie wir schon sahen, dieselben Schwierigkeiten überwinden.

Nicht, dass sie von Natur nachdenklich, unterwürfig gewesen wäre. Ganz im Gegenteil. Im Grunde genommen war sie sehr autoritär und von einem unermüdlichen Tätigkeitsdrang erfüllt. Es war kein Mystizismus (wenigstens anscheinend nicht), der sie beseelte, sondern ein werktätiger Glaube, einfach und ganzheitlich, ohne Konzessionen, wenn auch vielleicht mit einem leichten Hang zur Strenge in der Beachtung ihrer kirchlichen Pflichten. In Mergoscia muss ein von Jansenismus geprägter Pfarrer geamtet haben, und sie war dadurch beeinflusst worden.

Dieser Eifer und die Strenge in der Befolgung der kirchlichen Praktiken liessen in den Söhnen keine sehr sanften Erinnerungen zurück. Da war zum Beispiel die Vesper im Sommer. Unsere Gespielen verbrachten den Sonntagnachmittag am See, bei Bootsfahrten, beim Fischen und Schwimmen. Vom letzten Bissen des Mittagsmahles bis zum ersten des Abendessens hielten sie sich dort unten auf und plantschten glückselig im Wasser herum. Unser Schicksal verfuhr nicht so milde mit uns. Auf der unter blendender Nachmittagssonne liegenden Strasse mussten wir, hinter der Mutter hertrottend, zur Kirche gehen. Deutlich erinnere ich mich noch an ihre langen schwarzen Röcke, die Staubwölkchen aufwirbelten, welche um ihre langen und müden Schritte herwogten. Die Röcke hatten unter dem Saum weiche schwarze Bürstenlitzen. Mir ist, ich sähe sie noch jetzt, wie sie über den Staub hinstrichen. In der Kirche kamen wir mit staubweissen Schuhen und Beinen an. Sie sahen aus wie Gipsabgüsse. Die Kirche lag gute zwanzig Minuten entfernt. Unser Haus befand sich neben der Roccabella, wo damals Rinaldo Simen wohnte. Seine Kinder waren unsere liebsten Spielgefährten. Einmal veranstaltete Simen, ein edelmütiger Mann, zu Weihnachten ein Fest, mit einem Christbaum und Geschenken. Auch wir waren, wie alle Kinder aus der Umgebung, eingeladen. Allein, die unbeugsame Frömmigkeit unserer Mutter auferlegte uns, wie immer, den Kirchgang. So kamen wir erst in der Roccabella an, als alle Geschenke schon verteilt und die Kerzen verlöscht waren. – Der alte Juvenal sagte ganz richtig, die Entrüstung provoziere manchmal Gedichte. Meiner stummen Empörung verdanke ich die einzigen Verse, die ich je geschrieben habe! Ein Elfsilbner mit dem abschliessenden Fünfsilbner einer Sapphischen Strophe sind als Fragment übriggeblieben:

> Mönche nur täten die Vesper bestreiten.
> Glückliche Zeiten!

Dazu kamen die quälenden wirtschaftlichen Sorgen, die andauernde Pein, sparen zu müssen. Wie sehr hatte Barbarossa seine Tochter an die herrische Knausrigkeit gewöhnt! Es war die düstere Gier der Armen gewesen, die noch nicht ganz so arm sind, die noch etwas besitzen: ein Haus, Ställe, Vieh und Grund und Boden. Es war jene beängstigende Armut gewesen, die so verschieden ist von der andern dessen, der nichts besitzt und sich folglich auch nicht darum kümmert, dem Nichts etwas hinzuzufügen, sondern der sich einer luftigen und heilsamen Sorglosigkeit erfreut. Es war jene Armut der Armen, die sich immer darum kümmern, dem wenigen, was sie besitzen, einen Strohhalm, ein winziges Hälmchen hinzuzufügen, und zwar mit der Gier von Ameisen. Alles war noch zu etwas gut. Alles könnte einmal zu irgendetwas dienen! Alles musste beiseitegelegt werden: Eines Tages könnte man es noch gebrauchen. Von dieser sparenden Gier, die mit schmutzigem Materialismus verknüpft ist, hatte sich meine Mutter immerhin befreien können, obwohl sie dem Vater, dem Gatten, den Brüdern voller Unterwürfigkeit ergeben war (sie siezte sie alle), die mehr oder weniger vom amerikanischen Materialismus geprägt waren.

Nie konnte die arme Frau einen Seufzer unterdrücken, wenn sie den Preis einer Ware erfuhr, die der Händler feilbot. Dieser Seufzer hatte nichts zu tun mit dem mehr oder minder grossen Verdruss, den die verlangte Summe auslöste. Es war ein systematischer Seufzer. Er machte sich auch Luft, wenn der Preis zufällig niedriger war als gewöhnlich, als es vorauszusehen gewesen war. Er hatte etwas zu tun mit dem kläglichen Feilschen um den Preis, entweder wegen der Verpflichtung zur Sparsamkeit oder wegen des andauernden Verdachtes, man wolle die arme Frau übers Ohr hauen. Unwissend war sie sicher nicht, wohl aber manchmal naiv. Wie damals, als sie an einer Wallfahrt nach Einsiedeln teilnahm. Wer in einer der Schenken an der einzigen Strasse der frommen Ortschaft keinen Platz mehr fand, der musste sich mit dem begnügen, was in den Romanen des Salgari Mundverpflegung genannt wurde. Sie aber hatte sich ausschliesslich mit Zwieback verproviantiert, einem seltenen Leckerbissen, denn es dünkte sie, einmal dürfe sie es sich gut gehen lassen. Doch wurde ihr so übel davon, dass sie jahrelang keinen Zwieback mehr essen konnte.

Die Müdigkeit, wenn eine Krankheit des Gatten die Lasten verdoppelte, die ihr auf den Schultern lagen! Einmal, als sie auf den Heuboden kletterte, um ihre Gerla zu füllen, fiel sie ohnmächtig ins Heu und war überzeugt, dass sie nie mehr aufstehen werde. Doch kurz darauf musste sie das bisschen Kraft, das ihr noch geblieben war, zusammenraffen und weitermachen. Mein Bruder Giacomo erinnert sich daran, wie er ihr nachts, draussen auf der Wiese, mit der Laterne leuchtete, während sie einen Armvoll Gras mähte. Manchmal war sie krank. Sie hatte ein schwaches Herz. Und um ihre Arthritis zu heilen, war sie verschiedene Male in Stabio und Acquarossa gewesen. Aber ihre Güte öffnete allen die Türe. Kaum hatten die Verwandten etwas nötig, eilten sie zur Margherita, und diese war immer bereit, Hand anzulegen.

So erinnere ich mich an meine Mutter. Sie war ängstlich und immer in Eile, aufrecht gehalten von ihrer starken Energie, nicht überzeugt von der Warnung des Evangeliums, dass für einen jeden Tag seine eigene Plage genüge. Sie war gequält von jener Herkunft voller Armut und von der Arbeit, die ihr keine Ruhe liess. Sie arbeitete draussen beim Heu und droben in den Weinbergen. Sie sammelte Stroh in den Wäldern und bereitete draussen Streu zu, in den verdammten Sümpfen der Ebene. Sie hackte, düngte, schaute zum Haus, zu den Kindern, zu den Kleidern, zum Vieh. Und das alles mit ihrem beherzten und doch angstvollen pathetischen Wesen, welches Unruhe verbreitete, beinah so etwas wie eine elektrische Vibration. Sie sorgte fürs Essen, das einfach aber reichlich vorhanden war. Sie war immer voller Sorge, es könnte nicht genug da sein, um unsern Hunger zu stillen. Sie gedachte der herben Kargheit, die sie als junges Mädchen hatte erdulden müssen. Zu den vielen materiellen Sorgen gesellten sich die Sorgen um die Kinder, die aufwuchsen und andere Gedanken, andere Willensäusserungen und andere Tendenzen verfochten. Es waren komplizierte, dornige, kämpferische Charaktere, zum «aus der Haut fahren». Sie sagte: «Ihr müsstet einer vom andern entfernt leben, so weit entfernt, wie man nachts die Feuer von einander entfernt sieht!» Sie waren unruhig, wie übrigens auch sie es war, die zu wiederholen pflegte: «Ihr gebt euch nicht mit der schwarzen Erde zufrieden, ihr müsst eine rote suchen!» Das war ein echt bäurisches Gleichnis. Unter der kargen schwarzen und fruchtbaren Erde liegt jene rote, sandige, unfruchtbare. Es bedeutet ein unruhiges Unbefriedigtsein und ein schliesslich enttäuschtes Suchen.

Sie befand sich zwischen Hammer und Amboss, zwischen dem unzugänglichen Gatten, der nicht aus seiner Welt, aus seinen einfachen und verständigen Gewohnheiten, aus seinem horazischen Sich-mit-wenig-Begnügen heraustreten wollte, und den Kindern, die nach einer angenehmeren, wenn nicht gar wohlhabenden Existenz strebten. Sie wurde zwischen diesem Willen der Jungen und dem schweigenden passiven Widerstreben des Gatten hin- und hergerissen.

Und die Ängste um diese ihre Kinder! Um die Gefährten, die sie aufsuchten, um die Bücher, die sie lasen! Es war kein instinktives Misstrauen dem Buch gegenüber. Sie las sehr oft, meistens jedoch fromme Traktätchen, und strickte dabei. Dieses ewige Stricken in den ruhigen Momenten, aus dem wollene Strümpfe hervorgingen, welche die Beine kitzelten! Aber es war ein Misstrauen der Welt gegenüber, die allzu gross und allzu verschieden war von der ihren, voller Hinterlist und Fallen und Gelegenheiten zur Sünde! Die schlechten Gefährten, die schlechten Bücher! Mir, der ich nach bedrucktem Papier gierig war, nahm sie die Kerze weg. Sie wollte nicht, dass ich nachts wache, um zu lesen. Ich aber fand einen Ausweg, ich benützte die Azetylenlampe meines Fahrrades zum Lesen.

Doch auch sie hatte manchmal Augenblicke der Ruhe, der Zerstreuung: An gewissen Sommerabenden auf der kleinen Wiese hinter dem Haus, mit den Leuchtkäfern, die beim Dunkelwerden auftauchten. Dort sagten wir wohl alle miteinander den Rosenkranz her. Manchmal sangen wir auch, meist kirchliche Lobgesänge, fromme Litaneien. Ich muss noch hinzufügen, dass das Schicksal sie vor Unglücksfällen, vor frühen Todesfällen in der Familie oder langen Krankheiten verschonte. Und dass die ersten Jahre ihres Alters von einer zahlreichen Schar von Enkelkindern getröstet wurden, und dass sie von Töchtern und ergebenen Schwiegertöchtern umringt war.

So erinnere ich mich undeutlich an meine Mutter. Sie war beherzt und darum besorgt, sich immerfort zu wehren. Es bereitet mir Kummer, dass ich nie so recht von

Herzen mit ihr gesprochen habe. Doch liegen solche Herzensergiessungen unserem berglerischen Wesen nicht. Ich bedaure auch, mich nicht besser an ihre nimmermüde Liebe erinnern zu können, die umso grösser war, je weniger sie sich in Worten zu äussern verstand, weil sie ganz in unermüdlicher Arbeit verschlossen blieb.

Wenn ich bis zur Morgendämmerung meiner bewussten Existenz zurückgehe, finde ich sie nicht weniger besorgt und nicht weniger gütig. Dort finde ich auch gewisse Augenblicke voller Ruhe wieder. Sie sitzt dann auf dem niedern Schemel und ruft mich mit froher Stimme zum Vieruhrimbiss, damit ich das in die lauwarme, frischgemolkene Milch eingebrockte Brot esse. «*Vegn kì, vegn kì, Pedrign, a mangiaa pagn e lacign.*» (Komm her, komm her, Peterli, und iss Brot und Milch.) Und ich ass das in die Milch gebrockte Brot aus der Schüssel, die sie im Schoss hielt, während sie dort auf dem strohgeflochtenen Schemel sass. Und wenn ich fertig war, legte ich den Kopf in ihren Schoss: satt und glücklich. Wenn ich daran zurückdenke, ist mir, als sähe ich das von dünnen weissen Fäden durchwirkte Schwarz ihrer Schürze, als rieche ich den mütterlichen Duft wieder, der sich aus dem Geruch des Besens, der Seife und der Milch zusammensetzte, und als fühle ich eine Wärme, die Wärme ihres Schosses, der mich getragen hatte. Einen Geruch und eine Wärme, die ich nie mehr wiedergefunden habe. Und wenn ich tausend Jahre alt würde, könnte ich sie nicht wiederfinden.

11

CONFITEOR

Unser Haus in den «Fracce» stand unmittelbar an der Hauptstrasse. Ein grosses Portal öffnete sich (damit die Heuwagen hineinziehen konnten) auf den Hof. Eine Aussentreppe führte ins erste Stockwerk, in die Küche. Es war eine Treppe, die in zwei Teilen über einen Treppenabsatz emporführte, der von einer Mauer flankiert wurde. So entstand ein herrlicher Beobachtungsposten, eine Warte, auf der man nachdenken konnte. Auf dieser Mauer sitzend sah ich das Leben auf der Strasse wie in einem langsamen Film endlos an mir vorüberziehen, immer interessant und sich verändernd, bei schönem und schlechtem Wetter, im Sommer und im Winter.

Die Strasse von anno dazumal war sehr verschieden von der heutigen, sowohl in ihrer Beschaffenheit wie auch als Verkehrsader. Die schweren Karren zermalmten den Strassenbelag aus Kies und zerrieben ihn zu einem sehr weissen und feinen Staub, der das Gras, die Bäume und alles wie mit Mehl überstäubte und so etwas wie eine phosphoreszierende Aureole über die Strassenränder legte. Dann genügte ein wenig Regen, um die Strasse in ein Schlammbett zu verwandeln. Ob sie nun aber mit

Staub oder Schlamm bedeckt war, immer nahm die Strasse gefügig die Spuren der Vorüberziehenden auf: von Karrenrädern oder genagelten Schuhen, von Hufeisen oder von barfuss gehenden Leuten. Dort zogen die Karren voller Granit vorbei, die aus dem Verzascatal kamen, die hochbeladenen Karren voll Holz, Buchenholz, das nach Wald und Pilzen roch; die behäbigen Rossepaare aus den Mühlen Farinellis und aus der Brauerei der Beretta, der Stolz ihrer Besitzer. Dort zog das Vieh vorüber, das im Juni auf die Alp getrieben wurde. Müde von der langen Untätigkeit im Winter knabberten die Tiere unwillig ein bisschen Gras aus dem Strassengraben. Dort zogen rasche Ziegenherden vorbei, ein nervöser Wirrwarr von Hörnern und dichtem Hufgetrampel, und liessen hinter sich den durchdringenden Bocksgeruch und die schwarzen Karamellen auf dem weissen Staub zurück. Dort zog die hitzige junge Kuh vorbei und wurde draussen in Tenero zum Stier geführt. Auch zog ein träger Rosenkranz von Leuten vorbei, die zur Arbeit gingen oder davon zurückkehrten: die Steinmetzen von Mappo, die Arbeiter aus der Papierfabrik mit ihren Eimerchen und dem Essen darin. An Donnerstagen war Markt. Dann kamen die Leute ganz dicht hintereinander. Da waren die Talbewohner aus dem Verzascatal mit ihrem Vieh, die Männer mit ihrem Fellsack, den sie quer über die Schulter gehängt trugen, die Frauen mit der Gerla und dem wie ein Fragezeichen gebogenen Regenschirm. In den ersten Maitagen kamen die frommen Weiblein, die zur Madonna di Re pilgerten, und wenn sie zurückkamen, gaben sie uns «Binis», jenes süsse und gesegnete Konfekt mit einem Rosmarinblatt drin. Das Leben zog vorbei, langsam und endlos. Und ich sass dort und schaute zu. Ich erinnere mich nicht, jemals ein Begräbnis vorüberziehn gesehen zu haben. Auch aus dem Portal unseres Hauses trug man in all den vielen Jahren, da wir dort wohnten, nie einen Toten hinaus.

Wenn ich jene langsam begangene und befahrene Strasse mit der jetzigen vergleiche, mit dem raschen Verkehr der Autos auf dem Asphalt, der keine Spuren mehr aufnimmt, anonym und schwindelerregend, dann scheint es mir nicht glaubhaft, dass eine solch grosse Veränderung in so kurzer Zeit sich habe ereignen können ...

Von den vielen Leuten, die vorüberzogen, blieb manchmal einer stehen und trat ins Haus, um ein Glas Wein zu trinken oder ein paar Worte zu wechseln. Da kam der Strassenarbeiter Gianotti, um die langen Tage zu unterbrechen, die er damit zubrachte, das Gras aus dem Graben zu harken. Es kam der Froschfischer, *el ranatt*, und legte seinen feuchten Sack auf die Bank, aus dem ersticktes Gequake hervordrang. Es kamen die Kesselflicker aus dem Val Colla, versengt vom Feuer, mit ihren riesigen Kröpfen, und so rot im Gesicht wie die kupfernen Kessel, die sie flickten. Der Blinde aus Malvaglia kam hinter der Leine daher, an der sein Hund ging. Mit seinem langen Stab tastete er die Strasse ab. Er bezahlte die Zeche, indem er aus seiner Ziehharmonika einen herzzerreissenden Strom von Tönen hervorlockte, welche den Hund zum Zittern und Heulen veranlassten. Es kamen Leute, die einen Boccalino Nostranello tranken und viel dazu schwatzten und Betrachtungen anstellten und in Gelächter ausbrachen. Durch all diese

Besucher hätte ich eigentlich die Kunst, in der Welt zu leben, ein bisschen besser lernen sollen.

Aber am schönsten waren die Karrenführer mit der roten Schärpe um den Leib, die ihnen die weiten Samthosen zusammenhielt. Sie zogen einer nach dem andern hinter der Ladung her. Die Peitsche hatten sie, wenn sie nicht knallen mussten, um den Hals gehängt. In schwierigen Augenblicken jedoch benützten sie sie, um den armen Tieren mit dem Handgriff eines über den Rücken zu geben. Unser Haus stand mitten an einer langen Steigung. Dort blieben die Karrenführer gern stehen, um Atem zu schöpfen. Mit einem schrillen Ruf hielten sie die Pferde an, legten einen Stein unter das Hinterrad und zogen die Bremsen an. Dann setzten sie sich an unsern Steintisch und tranken einen halben Liter Wein. Oder sie zogen eine Toscano aus der grossen Tasche über dem Bauch hervor und erzählten von ihren Abenteuern, Gefahren, Stürzen, Müdigkeiten und wohl auch von einem epischen Rausch. Sie leerten die Gläser und leckten sich die Schnurrbärte ab. Dann setzten sie unter Geschrei und lautem Peitschengeknalle die Karren wieder in Bewegung. Die Gelenke der Tiere knirschten, wenn sie sie angestrengt anspannten. Auch das Zaumzeug knirschte, und der Karren ächzte. Es war, als müsse bei der Anstrengung alles zerbrechen. Und ich Knabe sass da und schaute mit einem Gefühl der Bewunderung und des Schreckens zu. Auch nachts zogen die Karrenführer, diese Könige der Strasse, vorbei. Sie zündeten ihre Petroleumlampen zwischen den Rädern an, und auf den niedern Mauern längs der Strasse entstand ein phantastisches Spiel aus zuckenden Schatten. Vom Karrenführer sah man nichts als die Beine, die er schlotterig und schleppend bewegte, und den grossen Schatten, der mit kreisender Bewegung über die Mauer glitt. Ein ganz anderes Schauspiel war es, bei gewissen fahlen Morgendämmerungen voller Schnee dem Vorüberziehen des Schneepfluges zuzusehen. Die Pferde dampften und die Leute waren in Säcke eingehüllt. Die Laternen schwankten und warfen grosse Schatten zwischen die herabfallenden Flocken. Schreie, Fluchen und das Knirschen des zusammengepressten Schnees ertönten in einer Welt, die wie aus Watte und ganz grau war.

Ein weiteres prähistorisches Schauspiel bot der Radfahrer, der im Graben kauerte. Er fluchte und hielt den schlaffen Schlauch in einer Hand. Er war das Opfer irgendeines Nagels geworden, der beim Wandern aus dem schweren und kräftigen Schuh eines Fussgängers herausgefallen war. Denn damals fühlte sich ein Fussgänger noch als Herr der Strasse.

Kurz, es war ein Schauspiel aller menschlichen Mühsale. Es roch nach Schweiss, aber es war herrlich. Wenn man mitten im Benzingestank daran zurückdenkt, meint man zu träumen.

Regelmässig zog auch der Karren des Bäckers oder die Postkutsche aus dem Verzascatal vorbei. Sie leisteten uns Gesellschaft, wenn wir zur Schule gingen. Aber vor der Schule kam der Kindergarten. Ich glaube, man brachte uns, um nicht allzu viel Zeit zu verlieren, in einem Wägelchen dorthin. Fröstelnd betrat man die Räume im Erdgeschoss des Gemeindehauses. Es war ein niederes Zimmer. (Jetzt haust der Gemeindesekretär dort.) Die winterliche Kälte auf den eisigen Fliesen des Fussbodens tat weh. Eine Nonne betreute uns. Schwarz und hochgewachsen wie ein Fels segelte sie langsam und ruhig durch die miauende Schar von uns kleinen Kirpsen, die wir immer voller Bedürfnisse waren. Da galt es Knöpfe zuzumachen, es gab aufgeschürfte Knie, Kratzer, Tränen, und manchmal musste einer pissen. Wir brachten den Imbiss in einem Weidenkörbchen mit, das konisch zugespitzt war und einen drehbaren Deckel hatte: eine Schnitte Polenta, ein Stückchen harten Käse, einen grünlichen Apfel. Die Glocke am Mittag musste gar nicht abgewartet werden. Das Zeichen gaben uns ein paar überängstliche Mütter und vor allem das Dienstmädchen einer der wohlhabendsten und angesehensten Familien des Dorfes. Kaum sah man das Mädchen mit dem grossen Esskorb auftauchen, begannen wir zu kreischen und uns um die vielen und glücklichen Angehörigen jener Familie zu versammeln. Das Dienstmädchen war dick und sah mütterlich aus. Es deckte den mächtigen Esskorb auf und zog warmes, dampfendes Essen daraus hervor: Eimerchen voll Suppe, Kartoffeln, gebackene kleine Fische, Teigwaren. Es achtete sorgsam darauf, dass die kleinen Kunden, die sich herandrängten und gierige Münder aufsperrten, alle genug zu essen bekämen. Die Kleinen sahen aus wie Kuckucke, oder sagen wir besser, wie Amseln, noch nicht flügge Amseln ...

Melancholisch sassen wir andern, arme kleine Knirpse, auf den Schemeln und betrachteten sie. Die frierenden Füsschen auf den kalten Fussboden gestemmt, assen wir missmutig unser altbackenes Brot, die kalte Polenta und den grünlichen Apfel, bei dem es einen nur schon beim Ansehen fror. Wenn wir jene fettglänzenden

Münder anschauten, und die Kiefer, die energisch so viel gute Sachen kauten, dann fühlten wir, wie unser Magen ausgehöhlt war von bösem Verlangen und einer schwarzen Leere. Vielleicht hat er sich, nach dieser ersten Bekanntschaft mit der Ungerechtigkeit der Welt, nie mehr ganz voll gefühlt. Vielleicht genügt ein Eindruck in der Kindheit, damit man sich endgültig unter die Armen eingereiht fühlt ...

Als wir dann in die Elementarschule kamen, verspürten wir sogleich ein weiteres und andersgeartetes Minderwertigkeitsgefühl. Wir wurden nicht gleichgewertet wie die Eingebornen. Wir wurden mit schlecht verhehlter Verachtung angesehen. Wir waren Fremde, Zugewanderte, fast so etwas wie Staatenlose oder sagen wir Heimatlose, *matlosa*. Und auch die Tatsache, dass wir etwas entfernt, isoliert wohnten, dass wir nicht teilhatten an den gemeinsamen Spielen, am Leben im Dorf, steigerte das Gefühl des Ausgestossenseins. Vielleicht wäre es anders gewesen, wenn ich an einem Dorfplatz aufgewachsen wäre und das Auf und Ab des kollektiven Lebens mit all seinen Vorteilen und Nachteilen erfahren und erduldet hätte. Aber es war mir nie beschieden, in die Fenster eines Nachbarn zu gucken, die Fensterläden schliessen zu müssen, damit der Nachbar nicht in mein Haus hineinschaute. So hat das Schicksal die angeborene Schüchternheit noch verstärkt und hat mir einen wenig kontaktfreudigen, wenig toleranten Charakter verliehen, der die Zurückgezogenheit liebt und schicksalshaft zur Einsamkeit neigt.

Ich erfreute mich höchstens der Gesellschaft der wenigen Knaben, die in unserer verödeten Gegend verstreut wohnten: der Kinder des Bahnwärters drunten beim Bahndamm, des Gärtnersohnes in der Baronata, der Söhne der Landwirte auf dem Gut jenseits des Baches. Sie waren Nomaden aus dem Verzascatal wie wir alle, und übrigens immer mit irgendwelchen Arbeiten beschäftigt. Wie auch wir. Kaum konnten wir jedoch einmal entwischen, hielten wir uns auf dem Wasser auf. Wir fischten und schwammen, tagsüber und auch am Abend, wenn man Schleien fing. Der Gärtnerssohn war frühreif und erfahren in den Dingen der Liebe. Doch sollte mir diese Welt noch für eine Weile hermetisch verschlossen bleiben. Es gelang mir nicht, zu begreifen, was die Verse eines Liedes bedeuten sollten, das damals *en vogue* war:

> Die Spanierin so zu lieben vermag,
> Mund auf Mund in der Nacht und am Tag.

Wer konnte schon verstehen, was das zu bedeuten hatte ...

Das Schöne an der Baronata aber war der endlos weite Park, das alte Landhaus, in dem niemand wohnte, mit all seinen komplizierten Korridoren, und die Freiheit, überall hin laufen zu können. Es war ein zauberhafter Ort. Als vor Jahren Riccardo Bacchelli zu einer Konferenz nach Locarno kam, wollte er die Baronata besichtigen, die im ersten Teil des *Diavolo al Pontelungo* vorkommt, und die er noch nie gesehen hatte, nicht einmal in Abbildungen. Ich diente ihm als Führer. Während wir die gewundenen Pfade unter den grossen Bäumen entlanggingen, waren wir alle beide stumm und wie erschrocken. Er, weil er ein solches Besitztum vorfand, das er sich viel bescheidener vorgestellt hatte, ich aber, weil ich den Park so mickrig wiedersah, der meinen Knabenaugen unendlich weit und märchenhaft erschienen war. Wir waren alle beide enttäuscht und um unsere Hoffnungen betrogen, er von der Einbildungskraft und ich von der Erinnerung, von diesen beiden *puissances trompeuses,* wie Pascal sie nennt ...

Noch mehr von allen andern getrennt und abgesondert waren wir aber, als die Gemeinde draussen in Mappo eine Schule eröffnete, wo eine alte Lehrerin, die nach Grappa roch, nicht wenig dazu beitrug, unsere Unwissenheit noch zu verstärken. Worauf die Eltern uns erschrocken in das Collegio Sant'Eugenio in Locarno schickten, wo wir in die Hände von weiss und schwarz gewandeten Nonnen gerieten. Dort waren wir Tag und Nacht von einer lärmenden Schar von Schülern umgeben. Dieses gesellige, kollektive Dasein verwirrte uns. Vielleicht kam es für uns ein wenig zu spät. Aber unter den wenigen Erinnerungen an jenes dunkle und ein wenig düstere Kapuzinerkloster gibt es auch ein paar schöne. So erinnere ich mich mit Liebe an den Gesanglehrer. Er hiess Gherardini, steckte uns mit seiner überbordenden lyrischen Begeisterung an und liess uns den *Nabucco* singen. Er sagte uns, wir müssten einen Kubikmeter Luft in uns hineinziehen, um jenes *patire* so lange wie möglich auszudehnen. «*Che ne infonda al patiiiire al patire virtù ...*» Und wir taten es so gut wie möglich und waren glückselig. Ebenso erinnere ich mich an verschiedene andere Lehrer, Laien, Geistliche und Nonnen. Von diesen ist mir die massige Erscheinung der Köchin am besten im Gedächtnis geblieben. Sie flösste uns, wenn es nötig war,

Rizinusöl, dieses Allerweltsheilmittel gegen alle Übel, ein. Und sie tat es mit einer solchen Autorität, dass wir gar keine Zeit hatten, zu rebellieren ...

Ich hielt mich in diesem Collegio auf, als mich meine älteste Schwester einige Tage vor Weihnachten «aufklärte», wie man zu sagen pflegte. Auf der Strasse erklärte sie mir ohne viele Umschweife, wie die Dinge sich verhielten: Das Christkind sei ein Märchen, die Eltern hätten sich das alles zusammengereimt. Ich aber sei jetzt gross und solle die Wahrheit wissen. «Wir gehen jetzt auf die Piazza und ich kaufe dir, was du willst, ein Buch oder etwas anderes!», sagte sie. Aber ich war so bestürzt, dass ich ein solch prosaisches und feiles Geschenk verachtungsvoll zurückwies.

Als ich die Elementarschule absolviert hatte, wurden wir in ein anderes Collegio, in das von San Carlo, gesteckt, das von französischen Assumptionisten geleitet wurde. Ich absolvierte die erste Klasse des Gymnasiums, und wurde dann, da ich ein guter Schüler war, gleich in die dritte Klasse versetzt. Ich lernte mit grosser Leichtigkeit. Ich erinnere mich nicht, jemals ein Buch oder ein Heft mit nach Hause genommen zu haben. Allein, diese Leichtigkeit hatte ihre Kehrseite. Ich vergass alles, was ich mühelos gelernt hatte, mit ebensolcher Mühelosigkeit wieder. Wir blieben den ganzen Tag über im Collegio. Am Abend kehrten wir mit dem Tram, das bis zur Crocefisso-Kirche in Minusio fuhr, zurück. Den Rest gingen wir zu Fuss. An der Wegbiegung von Sant'Antonio befand sich die Werkstatt eines Hufschmieds, die im Winter sehr einladend nach versengten Hufen roch. Dieser Geruch wird jetzt immer seltener, und man findet ihn kaum mehr irgendwo. Mir gefällt er. Er erinnert mich an jene Aufenthalte und an die leuchtende Glut des Feuers. Manchmal liess uns der Meister den Blasebalg betätigen oder ein zahmes Pferd am Zügel halten, und das mitten in der schwarzen und warmen Höhle, die für uns so etwas wie ein mütterlicher Schoss war.

Am Ende der dritten Klasse ging ich mit Lorbeeren bedeckt aus dem Gymnasium hervor. Ich bekam viele Bücher als Preise, denn jene französischen Priester legten grossen Wert auf Klassifikation, auf Ehrungen und auf Preise ... Als der Sommer vorüber war, versuchte mich, ich weiss nicht was für ein unflätiges Teufelchen und liess mich bockig werden. Ich führte mich wie ein Maulesel auf und weigerte mich hartnäckig, in die Schule zurückzukehren. Was es war, welche Überlegungen oder Gedanken diese törichte Entscheidung in meiner dunklen Seele herbeigeführt hatten, weiss ich nicht zu sagen. Ich habe es immer vermieden, genau darüber nachzudenken, den Beginn dieses katastrophalen Entschlusses ausfindig zu machen. Sonst wäre ich der Verzweiflung anheimgefallen. Alle Tränen meiner Mutter, die durchaus wollte, dass ich meine Studien fortsetze, nützten nichts. Auch die insistierenden Empfehlungen der Lehrer nützten nichts. Ich glaube, der Père Bertrand kam extra zu uns hinaus, um mich von meinem tierischen Entschluss abzubringen. Allein, ich hielt glorreich an meinem Entschluss fest und brachte mich so um dreizehn Jahre, welche die aufnahmefähigsten und lernbegierigsten des ganzen Lebens sind. Wenn ich daran zurückdenke, scheint es mir möglich, dass vielleicht der

Bankkrach einen Einfluss auf mich gehabt haben könnte, bei dem mein Vater einen grossen Teil seines kleinen Vermögens verlor; oder auch der Ausbruch des Krieges – wer weiss. Allein, um der Wahrheit willen muss ich erwähnen, dass diese beiden Ereignisse – das, welches uns, und das, welches die Welt betraf – sich erst nachher abspielten. Es ist daher schwierig, anzunehmen, ich hätte ein solch einzigartiges prophetisches Wissen besessen. Ich muss folglich die Verantwortung völlig auf mich nehmen. Und was mich betrifft, muss ich die unheilvollen Konsequenzen tragen, die mein irrsinniger Entschluss auslöste.

Die Tatsache bleibt bestehen, dass ich mich jahrelang einem harten Leben, tyrannischen Stundenplänen und törichten Beschäftigungen unterziehen musste. Ich musste, noch halb im Schlaf, die Rollläden eines Ladens hinaufziehen und sie bei der Abenddämmerung herunterlassen, musste Lokale reinigen, einen Karren ziehen, der Waren zur Post und zum Bahnhof brachte und so weiter. Und ich musste den langen Weg auf einem alten Fahrrad mit festgenieteten Rädern machen, und zwar bei schönem und schlechtem Wetter, im Winter mit der Azetylenlampe, die mir in der Folge dazu diente, mir nachts ein paar Stunden Schlaf zu rauben, wenn ich im Bett lag und las.

Nach und nach stieg ich von diesen bescheidenen Ämtern zu dem nicht weniger langweiligen eines Korrespondenten und Buchhalters auf. Ich musste Briefe, Rechnungen, Bilanzen und so fort schreiben. Doch ich wurde immer unzufriedener und unruhiger. Meine Zweifel an der Sackgasse, in die ich mich törichterweise hineinmanövriert hatte, wuchsen. Ich betrank mich (das ist das richtige Wort) an endloser, ungeordneter, manchmal absonderlicher Lektüre. Immer trug ich einen Band der Sonzogno-Ausgaben oder der Bibliothèque universelle in der Tasche. Was damals Bücher für mich bedeuteten, zeigt ein spassiges Exlibris, das ich mir von meinem Bruder Giovanni hatte zeichnen lassen: Vor einem Hintergrund mit sturmgepeitschten Bäumen versteckte ein Männlein seinen Kopf zwischen den Blättern eines enormen Buches, das der Wind auseinanderzerrte! Derselbe Romantizismus leitete auch meine Lektüre. Nicht die Auswahl, die ganz und gar zufällig war, sondern die Art der Lektüre, das Lesen, war für mich ein Alibi vor dem Leben. In den Büchern versank ich wie in einem Meer des Vergessens ... Ich besuchte die Buchhandlung eines schwedischen Buchhändlers. Ich hatte ein paar sozusagen intellektuelle Freunde, einen deutschen Literaten, der mich in die klassischen Konzerte im Kursaal mitnahm, wo ein winziges Orchester – Klavier, Violine, Cello und Kontrabass – die Symphonien von Beethoven spielte. Es war Krieg. Alles war abgeriegelt. Viele Menschen waren hier eingeschlossen. Meistens waren es Juden, unter anderen auch eine Persönlichkeit, die in einem Roman von D'Annunzio, im *Trionfo della Morte*, zwischen den *aficionados* der Kirche an der Via Belsiana in Rom vorkommt: der «Doktor Fleischl. Dieser war Jude, deutscher Arzt, ausgezeichneter Pianist und ein fanatischer Bach-Verehrer». Er war ein schöner Greis mit einem ganz weissen Bart. Und ich tröstete mich mit dem Gedanken, dass auch er sich mit dem kleinen Orchester Pistone begnügen musste. Ich hatte nie ein grosses Orchester weder gesehen noch spielen gehört. Ich besuchte das Caffè Svizzero und die Schachspieler. Ich war befreundet mit dem scharfsinnigen Doktor Franzoni, einem Bruder des Malers. Ich spielte Mandoline und dann, den Blick höher richtend, Violine. Abends nach der Arbeit fuhr ich mit dem Fahrrad nach Tenero, um Stunden zu nehmen. Den Geigenkasten, der aussah wie ein Kindersarg, trug ich unter dem Arm. Kurz, ich versuchte mich zu betäuben und meine schmerzvolle Lage zu vergessen. Ich nährte meinen instinktiven Pessimismus, indem ich unermüdlich Leopardi las. Schliesslich gelang es mir, dank meinem Instinkt, «jene rote Erde zu suchen». Ich fand den Mut, mich aus diesem Sumpf herauszuarbeiten. Vor allem ermutigte mich dazu der nach Locarno übergesiedelte Giuseppe Zoppi, der als Lehrer am Seminar amtete. Ich gab die unfruchtbaren Geschäfte auf und warf mich ein Jahr lang aufs Studium. Es war ein kurzsichtiges und unfruchtbares Studium, aber es brachte mir doch das Patent eines Primarlehrers und somit die Freiheit ein. Unter den zahlreichen Demütigungen erfuhr ich eine der brennendsten und spassigsten am Morgen des Examens, als ich an der Glocke des Schulhauses läutete. Die Pförtnerin, Margherita, ein dienstfertiges Weiblein, kam mir öffnen. Sie kannte mich nicht und begrüsste mich ehrfürchtig: «Guten Tag, Herr Professor!»

Sicherlich tritt man aus einem so langen und düsteren Tunnel mit dem Stigma von zehntausend Falten und Verschrobenheiten gezeichnet hervor und ist sich seiner unausfüllbaren Lücken bewusst. Man tritt auch voller Minderwertigkeitsgefühle heraus, und das nicht nur infolge der kostbaren unwiederbringlich verlorenen Zeit, sondern auch infolge der Schwierigkeiten, auf einer Strasse weiterzugehen, die man seit langem verlassen hat, und sich einer neuen und strengeren Disziplin beugen zu müssen.

Unter den gefährlichsten Verschrobenheiten ist die unauslöschliche Überzeugung in mir haften geblieben, den Zug verpasst zu haben, von nun an überall zu spät zu kommen. Es würde nun nichts mehr nützen, zu laufen, denn es war nutzlos geworden. Das alles hat meine fragmentarische Veranlagung, die recht kurzatmig und dispersiv ist, noch verstärkt. Es hat mich auch davon abgebracht, Arbeiten zu unternehmen, die einen langen Atem erfordern, und mich eilfertig in Unternehmungen zu stürzen, welche Ausdauer verlangen.

Das Gefühl, den Zug verpasst zu haben, ist, wenn wir bei diesem nicht ganz abwegigen Bild bleiben wollen, entsetzlich gefährlich. Es verleitet nicht nur zu Misstrauen, sondern birgt die Gefahr in sich, auch den nächsten Zug noch zu verpassen. Das ist mir denn auch wirklich passiert, als ich einmal während der Studien an der Universität mit einem lieben Freund auf einer Reise nach Venedig war. Um die Eintönigkeit der Zugsfahrt zu unterbrechen, stiegen wir in Desenzano aus. Wir wollten bei einem kurzen Aufenthalt das Städtchen besuchen, den Gardasee sehen und aus der Ferne die Halbinsel von Sirmione bewundern. Ich war eifrig dabei, Latein zu studieren, und zitierte Catull. Wir wollten uns einfach vergnügen und hatten gar keine Eile. Dann aber hatten wir entweder den Fahrplan nicht richtig angeschaut, oder unsere Uhren gingen nach. Kurz – als wir zum Bahnhof kamen, war der Zug schon abgefahren. Wir mussten ein paar Stunden warten, bis der nächste fuhr. Zwei Stunden bummelten wir zwecklos herum, um die Zeit totzuschlagen, die nicht vorzurücken schien. Aber die Zeit war weniger langsam als unsere Langeweile, und beinah hätten wir auch noch den nächsten Zug verpasst. Wir sprangen auf, als er schon anfuhr. Daran denke ich oft, denn es scheint mir ein Bild meines Abenteuers zu sein, ein Symbol für den Mangel an Vertrauen in mich selbst und in die Zeit, die ein grosser Edelmann ist. Denn wenn es einen trügerischen Ausspruch gibt, den man eigentlich ausrotten und austilgen müsste, dann ist es der, dass das Leben kurz sei. In Wahrheit ist es, wenn man es gut auszunützen versteht, recht lang. Alldem füge man meinen tiefsten Wesenskern hinzu, der aus Skeptizismus und einer gewissen Tatenlosigkeit, vielleicht auch aus Gleichgültigkeit besteht. Und aus der Unfähigkeit, mich selber ernst zu nehmen, mich zur Geltung zu bringen. Denn dies ist die erste und unerlässlichste Voraussetzung dazu, dass einen auch die andern ernst nehmen. Dazu kommt noch die Tendenz, die Wichtigkeit seiner selbst und seiner eigenen Angelegenheiten zu vermindern, das *understatement* also. Doch steht dies in einem Land, das die verherrlichende Rhetorik schätzt, nicht hoch im Kurs, oder doch nur in einem negativen Sinn. In mir lebt immer das Gefühl, ich sei ein Knabe geblieben, sei ewig minderjährig. Und ich neige dazu, nicht den zu bewundern und vielleicht sogar zu beneiden, der tapferer ist als ich, sondern den, der beseelt ist von der ruhigen und aggressiven Gewissheit des eigenen Wertes.

Ich bin ein scheuer Mensch von karger Autonomie und sehr arm an Initiative. Immer war ich ein Spielball der Gelegenheiten, an denen es mir, um die Wahrheit zu sagen und mir über meine Verdienste Rechenschaft zu geben, nicht fehlte. Doch wusste ich die besten meist nicht auszunützen. Allein, hier ist nicht der Ort, die Liste der Gelegenheiten aufzuzeichnen, die ich dank meiner Zaghaftigkeit verpasst habe. Das ist ein Vergnügen, das ich mir als nützliche Übung der Demütigung aufbehalte. Wie viele verpasste Gelegenheiten gingen an mir vorbei, der ich wie eine Auster an einem Pfahl im stagnierenden Wasser angeheftet bin und am Fuss die Bleikugel des Pessimismus trage. Und so überlege ich, weshalb meine Vorfahren wohl ausgewandert seien. Vielleicht aus trauriger Notwendigkeit, in vergeblichem Bemühen. Sicher aber nicht aus Freude am Abenteuer.

Ich war immer von der Furcht beherrscht, mich zu tief zu verpflichten, mich vertrauensselig der Zeit und der Zukunft anheimzugeben. In mir lebte immer das Misstrauen oder besser der ewige Zweifel, ob die fetten Kühe (oder diejenigen, die fett aussahen) denn auch wirklich fett seien. Und ich zweifelte daran, dass die mageren immer dort hinter der Hecke stünden, bereit, dürr und hungrig hervorzubrechen. Ich hegte den Verdacht, die Dinge seien stets im Begriff, sich zum Schlechten zu wenden, man müsse sich vor dem unvorsichtigen Vertrauen und vor dem leichtsinnigen Optimismus hüten und müsse an morgen denken. (Einer meiner Onkel, der recht wohlhabend war, starb von der Furcht besessen, er müsse hungers sterben.)

Meine Haltung ist negativ. Die instinktive Antwort,

die mir – vererbt und infolge der Erziehung auf die Lippen tritt, ist: Nein. Ein fundiertes Nein, das aus der Furcht der Vorfahren vor dem Leben gebildet ist, ein Instinkt des Neinsagers. Und doch bin ich oft allzu unbesonnen und beuge mich dem Willen anderer. Jeder Kampf, jeder Widerspruch ist mir fremd. Ich bin unfähig zur Beharrlichkeit, bin bald gesättigt und verliere die Zuneigung. So zerrinnen mir die Dinge zwischen den Händen. Ich habe ein Gefühl der Nutzlosigkeit, einen Geschmack nach Asche im Mund. Wohl habe ich den Willen, die Welt zu umarmen. Aber gleichzeitig kenne ich den verzichtenden Instinkt. Dies alles ist ein Knoten voller Widersprüche, aus Stolz und zerknirschter Demut. Ich bin scheu und gierig. Ich bin im gefährlichen Sinn des Wortes naiv, unvorsichtig, waghalsig. Nicht aus einem beherzten Misstrauen der Gefahr gegenüber, sondern eher, weil ich keine genaue Kenntnis davon habe ... Einer, der mich gut kennt, sagte einmal, einer meiner Fehler unter anderen sei es, meine Missachtung oder sogar Verachtung gewissen Menschen gegenüber zu zeigen. Nicht, dass dieses Gefühl nur mir zugehöre. Der, welcher das sagte, bewies es sogar besser als ich selbst. Sondern nur darin liegt meine Naivität, dass ich es nicht verstehe, die Verachtung zu verbergen, wie dies nicht nur der gesunde Menschenverstand erfordern würde, sondern auch die gute Erziehung. Meine Mutter erzählte mir, als Kind hätte ich mir beim Fallen immer den Kopf aufgeschlagen. Nie hätte ich die Hände vorgestreckt, um mich zu schützen. Deshalb war meine Stirn immer voller Beulen und Narben. Aber sicher waren es nicht Beulen der Listigkeit. Man füge dem allem die Neigung zur Ironie hinzu, eine dornige Hecke, die zwar wohl verteidigt, aber einen noch mehr von den andern entfernt und jede Sympathie vernichtet.

Und doch, mit all diesen Hypotheken habe ich auch eine gewisse Hartnäckigkeit und Befähigung zur Arbeit geerbt, den Widerstand gegen die Müdigkeit, und einen lebhaften Sinn für das gegebene Wort und für Verpflichtungen. Und daneben ein paar andere Tugenden. Und dann das Glück, ein paar Freunden und Menschen begegnet zu sein, die mir ihre Sympathie nicht verweigert haben. Ich bin (nur hierin, versteht sich), ein bisschen wie der Fabrizio in der *Chartreuse*, «*un de ces cœurs de fabrique trop fine qui ont besoin de l'amitié de ce qui les entoure...*» Ich habe Zoppi erwähnt. Ich könnte auch noch andere hinzufügen. Aber ich beschränke mich darauf, bei den Toten stehen zu bleiben, beim Namen Arminio Janners zum Beispiel, der (ich spreche von ihm wie von einem Lebenden) bei all seinen Fehlern die Gabe hatte, einem Sympathie entgegenzubringen. Er war der Bewunderung, ja beinah der Demut fähig. Ich nenne ihn auch, um zu sagen, wie es mich schmerzt, dass unsere Freundschaft in ihren letzten Jahren etwas erkaltet ist, und zwar aus Gründen, die, wenn ich nun daran denke, nicht anders denn geringfügig genannt werden können.

Aber es nützt nichts, sich in Selbstanklagen zu ergehen und die eigenen Fehler und Mängel aufzuzählen, wenn nicht aus einem heilsamen, wenn auch sehr privaten Grund. Und ebenso nützt es wenig, die lange Strasse meines verspäteten Wiedereintauchens zu schildern – immer angespornt vom Instinkt, «jene rote Erde zu suchen»: die beiden leuchtenden Jahre von Sant'Antonino, den Eifer des Lehrenden und des Lernenden. Ich hatte mich sogleich daran gemacht, Latein zu studieren. Der Pfarrer von dort oben entschleierte mir die Geheimnisse des *rosa, rosae*. Der Ärmste konnte sich, um die Wahrheit zu sagen, leidenschaftlicher für Motoren begeistern als für die humanistische Bildung. Immerzu beschäftigte er sich mit seinem Motorrad. Er nahm es drunten im Hof Stück für Stück auseinander und war immer mit Öl verschmiert und roch nach Benzin. Zwischen Frühling und Sommer, die Monate in Fribourg, an der Universität! Liebe Gefährten, die mir die Illusion gaben, wieder jung zu werden, und barmherzige Lehrer und Dozenten. Die warme Seele von Paolo Arcari, die traurige Weisheit eines Francis Benett, und Monteverdi, Moreau, Fabre, unvergessliche Namen! Einige Monate in Florenz, ein Jahr in Rom, mehr als Faulenzer, denn als eifrig Lernender. Dann zwei Jahre in Bern und schliesslich und definitiv im Tessin. Ich machte und lehrte ein bisschen alles, je nach den Bedürfnissen eines kleinen Landes. Ich frönte meinen dilettantischen Neigungen und betrieb allerlei. Das führte mich zur Polygamie (auf intellektuellem Gebiet). Dieser mein Charakter macht mir manchmal schwer zu schaffen. Er stellt eine Verurteilung dar, vielleicht aber auch ein Glück, wer kann das wissen. Immerhin war es von höheren Mächten so bestimmt, eingeschrieben oben auf der Seite, die mir in dem *grand rouleau secundum* Diderot vorbehalten ist.

Diese Überzeugung war auch im Herzen meines Vaters fest verankert. Auch er war ironisch, resigniert und neigte zum Fatalismus, den er mir in reichem Masse vererbt hat. Ebenso hätte ich von ihm auch ein wenig von seinem reinen Annehmen oder seiner Resignation erben können. Und von dem eifrigen Glauben meiner Mutter. Oft und wiederholt sagte er, als Kommentar oder Schlussfolgerung irgendeiner Tat oder Haltung, sei sie nun gut oder schlecht gewesen: *Com a semm a semm.* Wie wir sind, so sind wir. Das will heissen, man könne nicht gegen das Verhängnis des eigenen Charakters angehen. Und so stimmte er, ohne zu wissen wie, mit der Schlussfolgerung jenes bitteren und wahren Buches des *Adolphe* von Benjamin Constant überein: «*Les circonstances sont bien peu de chose, le caractère est tout…*»

Das ist die trostlose Feststellung unserer fatalen Untertänigkeit und unseres Unvermögens, und vielleicht auch der endgültige Freispruch von allen unsern unvermeidlichen Fehlern.

NACHWORT

Gutes Blut verleugnet sich nicht. Der Auswanderergeist scheint in unserer Familie nicht erlöschen zu wollen. Nach so vielen Vorfahren ist nun mein Sohn Filippo, kurz nach seinem Doktorexamen in Geologie, nach Yukon gereist, das viel näher am Nordpol liegt als am Äquator, um dort mitten unter den Bären zu arbeiten. Nach so vielen Briefen, die in mühsamer Schönschrift geschrieben worden waren, ist sein erster mit leichter Hand hingeworfen. Nimmt man jedoch die äussere Hülle weg, dann sieht man, dass dieser Brief im Grunde nicht viel anders ist, als die der Vorfahren.

Vancouver, 28. August 1968

«Meine lieben Eltern. Ich bin nach der zweiten Nacht in Amerika soeben aufgestanden, und schon nehme ich die Feder zur Hand, um Euch rasch in zwei Zeilen meine ersten Eindrücke zu schildern. Der Flug war sehr schön, besonders von Amsterdam nach Vancouver, immer über tausend Meter Höhe, über Wolkenmeere, die aussahen wie Haufen schneeweisser Wolle. Manchmal jedoch erblickte man das Meer mit riesigen Eisbergen bestückt, oder die Eisdecke von Grönland oder die unendlichen Ländereien von Nordost-Kanada: Ebenen, braun, rötlich und gefleckt von Seen in allen Grössen. Die Reise ist – auch wenn man sie in bequemen Lehnsesseln der ersten Klasse, mit dienstfertigen und freundlichen Hostessen, die einem zu essen und zu trinken servieren, verbringt – sehr lang. Ich bin recht müde angekommen. Da ich die Uhr um acht Stunden zurückstellen musste, war der Tag unaufhörlich lang. Gestern habe ich den ersten Tag im Büro verbracht, wo ich angefangen habe, geologische Berichte zu lesen, um mich mit meinen künftigen Problemen und mit dem Englisch vertraut zu machen. Mein Englisch ist noch sehr mässig, und obwohl die Leute recht freundlich und diensteifrig sind und sich Mühe geben, langsam zu sprechen, habe ich mächtig viel Mühe, das, was sie sagen, zu verstehen. Und noch mehr Mühe macht es mir, das auszudrücken, was ich sagen möchte. Immerhin hat mich gestern Nachmittag, als ich nach der Arbeit ins Hotel zurückkehrte, ein älterer Mann angehalten und hat mich um ein wenig Geld gebeten, «*for a soup, not for a drink*». Und das habe ich verstanden. Und auch er hat mich verstanden, ohne dass ich ein Wort zu sagen brauchte, und fast hätte ich geweint, wie ich auch nun weine, da ich Euch schreibe. Erst jetzt verstehe ich, wie hart es ist, so weit von Euch und allein zu sein. Von der Sprache abgeschnitten. Ich begreife nun unsere Alten und ihre herzzerreissenden Briefe ...»

Kurz gesagt heisst das: Stunden anstatt Wochen. Lehnsessel und lächelnde Hostessen anstelle der harten

Bänke auf den Auswandererschiffen. Eine sichere Stelle, und nicht das Hinausziehen auf gut Glück. Und offene Augen angesichts der Weite und Vielfalt der Welt, nicht die stumpfe Apathie dessen, der sich verloren und wehrlos fühlt, kaum hat er die heimatlichen Berge verlassen ... Aber unter den Verschiedenheiten und der Oberfläche ist doch die Traurigkeit dieselbe geblieben. Geblieben sind auch die Schwierigkeiten mit der fremden Sprache, der beängstigende Gedanke an die verlorene Welt und die unbestimmte Angst vor der neuen Welt. Eine freigebige Hand misst jedem Leid zu, der auf dieser Welt atmet.

CHRONIK UND MORALISCHE GEOLOGIE

Renato Martinoni

Die Geschichte der Tessiner Auswanderung ist sehr alt und tief verwurzelt. Ohne Auswanderung sähe das Tessin auch anders aus, etwa ohne die herrschaftlichen Villen der Auswanderer, die mit einem vollen Geldbeutel zurückgekehrt sind. Bereits ab dem späten Mittelalter haben die «Tessiner» begonnen wegzuziehen, Architekten etwa, Ingenieure, Handwerker, darunter Berühmtheiten wie Domenico Fontana, Carlo Maderno, Francesco Borromini, Carlo Fontana – «jene Kolonie von Tessinern, welche Rom seine jetzige Gestalt gab», wie Jakob Burckhardt schrieb.

Dazu kommen die vielen Unbekannten aus allen Gegenden des Tessins, oft verliessen Generationen von erfahrenen Berufsleuten denselben Ort. Die Blenieser gingen nach Mailand, um Maronen zu verkaufen oder Schokolade herzustellen, Schornsteinfeger aus dem Verzascatal und aus Intragna arbeiteten in den Städten, Männer aus Brissago arbeiteten als Köche in Adelshäusern. Die Auswanderer aus dem Maggiatal gingen als Stallburschen oder Kutscher in den Dienst von Kardinälen, die aus dem Pedemonte entluden Schiffe im Hafen von

Livorno, die aus dem Malcantone stellten Dachziegel und Backsteine in den Öfen der Lombardei her, während die aus dem Val Colla als Händler durch Täler und Ebenen wanderten, um ihren Kram zu verkaufen. Jahrhundertelang bis zur ersten Hälfte des 19. Jahrhunderts ist dies die wahre Geschichte des Kantons Tessin gewesen: Die Männer waren gezwungen, den Lebensunterhalt für ihre Familien ausser Landes zu suchen, die Frauen blieben zu Hause mit der schweren Arbeit in Haus und Hof und der Erziehung der Kinder.

Mitte des 19. Jahrhunderts kam die Zeit der grossen Illusionen und der Massenauswanderungen zu den Goldminen Australiens und Kaliforniens, auf die kalifornischen Farmen und in die Steppen der Pampas. Im 20. Jahrhundert haben dann die Tessiner wieder angefangen, in weniger weit entfernte Orten auszuwandern, in die anderen Landesteile der Schweiz und nach Europa.

Merkwürdigerweise hat die italienischsprachige Schweizer Literatur diese Auswanderung (mit Ausnahme jener illustren der «Maestri Comacini») weitgehend ausgeblendet. Erst als sich dieses Phänomen fast dem Ende zuneigte oder neue Formen annahm, hat sie angefangen sich damit zu beschäftigen. Aber abgesehen von der kurzen Novelle *Spazzacamino (Kaminfeger)* des italienischen Autors Giuseppe Cavagnari, die im späten 19. Jahrhundert von der Migration eines Jungen aus dem Verzascatal nach Mailand erzählt, finden sich nur hier und dort einige Andeutungen zur Auswanderung, etwa in den Erzählungen des Leventiner Guido Calgari und später des Blenieser Sandro Beretta. Eine ernsthafte Beschäftigung mit der Migration begann erst in den Sechziger- und Siebzigerjahren. Die Namen sind bekannt: Piero Bianconi mit *Albero genealogico* (Der Stammbaum) 1969 und Plinio Martini mit *Il fondo del sacco* (Nicht Anfang und nicht Ende) 1970.

Ist es nicht sonderbar, dass das, was das Fundament der gesellschaftlichen, sozialen und wirtschaftlichen Geschichte eines Landes ist, keinen Niederschlag fand in den Werken von Autoren, die sich oft als «Stimme» eines Volkes und dessen Geschichten verstehen? Oder umgekehrt: Wieso wird schliesslich doch die Auswanderung zum Schwerpunkt einer Erzählung?

Die Jahre, in denen Bianconi und Martini leben, sind die Jahre des wirtschaftlichen Aufschwungs, der Transformation des Tessins aus der konservativen und zurückgebliebenen ländlichen Idylle in einen Ort der «Stadt», der Banken, Rechtsanwälte und Bauunternehmen, die jetzt schnell und radikal die Gesellschaft verändern und das gesamte Gebiet umpflügen. Innert kurzer Zeit verschwinden Tradition und überlieferte Lebensformen.

Aus Sorge über das, was sie sehen, begannen sich die Autoren mit dem, was war, auseinanderzusetzen. Die Literatur beginnt von dieser Transformation und deren Sinn zu sprechen. Sie protestiert gegen die Immobilienspekulation und versucht zu erkennen, welche «Werte» verloren gegangen sind durch die Trugbilder des Fortschritts und des leicht verdienten Geldes durch Immobilienverkäufe (von wegen «man musste auswandern» ...). Das literarische Schreiben kehrt zurück zu den alten Zeiten, um den Missstand zu denunzieren, der als Verrat an traditionellen Werten gesehen wurde. Und im Mittelpunkt des Lebens der alten Zeiten stand auch die Auswanderung.

Allerdings erklärt das nicht die Gründe der langen und hartnäckigen Stille. Da drängt sich die Frage auf, wie sehr emotionale Bindungen, die sicherlich sehr stark gewesen ist, als eine Art «Abschreckung» gedient haben. Es gibt Ereignisse und Erinnerungen, die sowohl aus dem individuellen als auch aus dem kollektiven Gedächtnis gelöscht werden. Vielleicht haben die vielen offenen Wunden, die seelischen Schmerzen und die Niederlagen, die die Auswanderung oft begleiten, dazu geführt, dass die Familien und schliesslich auch die Autoren mit grosser Zurückhaltung oder gar nicht über das Thema sprachen? Einige kamen zwar reich zurück, aber nur sehr wenige. Einige gut situiert, aber auch nicht sehr viele. Die meisten kamen mit mageren Geldbeutel zurück oder gar bettelarm, enttäuscht und frustriert, manchmal mit dem noch nicht getilgten Reisedarlehen. So nisteten sich Ressentiments, Wut und tiefer Gram in den Tessiner Häusern ein gegenüber denjenigen, die nie zurückkamen oder anders geworden waren in der Emigration oder Fehler gemacht hatten und Irrwege gegangen waren. Eine damit einhergehende Scham mag dazu verführt haben, das Geschehene zu verdrängen, mit einem Tabu zu belegen. Wie auch immer, Tatsache ist, dass man bis zum Ende der Sechzigerjahre des vergangenen Jahrhunderts warten muss, um das Thema der Auswanderung schliesslich in der Literatur der italienischen Schweiz zu finden.

Um das Tabu zu brechen, fangen Historiker an, Auswandererbriefe zu sammeln zu analysieren und zu veröffentlichen. In diesen Briefen kommt eine Welt zum Vorschein, die von Freude und Leid, von Tragödien und Eroberungen sowie von widrigen Lebensumständen erzählt. Sogar Menschen, die kaum einen Stift zu gebrauchen wissen, versuchen hier auf einem Stück Papier ihr ganz alltägliches Leben festzuhalten.

In der Literatur sind es schliesslich Plinio Martini und Piero Bianconi, die mit ihren Romanen zur Auswanderung einer grösseren Leserschaft bekannt wurden. Dabei sehen nicht wenige Leser Martini als *den* Schriftsteller der Tessiner Auswanderung, einer, der mehr als jeder andere die materielle (und moralische) Armut der alten Zeiten beschreiben konnte. Infolge seiner Schriften kennen viele das Bavonatal und reisen dorthin, um nach Spuren des Lebens in Armut der Bergbewohner zu suchen. Aber nur wenige wissen, wo sich in Mergoscia im Verzascatal das Haus von Barbarossa befindet, der Grossvater mütterlicherseits von Piero Bianconi.

Diese Sichtweise ist leider sehr eingeschränkt und erklärt sich wohl eher aus soziologischen und politischen als literarischen Gründen. Es gab und gibt noch immer Menschen, die Martini als die «spontane und aufrichtige Stimme» des Volkes und Bianconi als kalten, intellektuellen Ästhet sehen. Manchmal siegt das Herz über den Verstand. Aber die Literatur darf sich nicht nur auf das Herz stützen oder sich ideologische Scheuklappen anlegen. Deshalb zögern wir nicht zu behaupten – ohne den Wert des Autors und seines Buches «Nicht Anfang und nicht Ende» zu schmälern –, dass Bianconi weit mehr «Schriftsteller» ist, zumindest im Sinne kultureller Dichte, und dass sein Werk sich durch hohe erzählerische Qualität auszeichnet.

Piero Bianconi, geboren 1899 in Minusio, stammt aus einer Familie in Mergoscia. Schon seine Vorfahren waren Auswanderer. Unter ihnen sind sein Vater, der Grossvater, drei Onkel, eine Tante und viele andere nach Frankreich, Italien, Australien, Kalifornien ausgewandert. Die Dokumente, die das bezeugen, gehen bis ins 18. Jahrhundert zurück. In einer Bergfamilie aufgewachsen, war Bianconi schüchtern und zurückhaltend und liebte den Schreibtisch mehr als die mondäne Welt.

Die Publikationstätigkeit Biancos, es ist wichtig dies zu erwähnen, erstreckte sich auf drei Gebiete: die italienische und Tessiner Kunstgeschichte, Übersetzungen (von u. a. Voltaire, Diderot, Rousseau, Goethe, Stendhal, Baudelaire, Flaubert, Balzac, Alain-Fournier), die immer noch regelmässig bei italienischen Verlagen publiziert werden, und nicht zuletzt sein kreatives Schreiben.

Bianconi ist als Schriftsteller gebildet, kultiviert und elegant, kristallklar und besonnen – seine Modelle sind die Meister der «italienischen Kunstprosa», die er während seines Aufenthalts in Florenz und in Rom der Dreissigerjahre des 20. Jahrhunderts regelmässig besuchte und eifrig las. Bewunderer Italiens, vor allem seiner Kunst, ist er zur Zeit des Faschismus und des Zweiten Weltkrieges plötzlich gezwungen, seine Aufmerksamkeit seiner eigenen Umgebung zu widmen. Es ist in diesem historischen Kontext der erzwungenen Schliessung der Grenzen Italiens und der Geistigen Landesverteidigung, dass bei Bianconi das Interesse an der «Menschlichkeit des Tessins» geweckt wird (Umanità del Ticino, so lautet ein Essay aus dem Jahre 1942).

Im Namen dieses Interesse beginnt der vierzigjährige Schriftsteller, während der Sommerferien – er lehrt Französische Literatur und Kunstgeschichte am Lehrerseminar in Locarno und am Gymnasium in Lugano – die Täler des Landes zu durchwandern, um dieses besser kennenzulernen, um Kunstwerke aufzulisten, die ihm auf seiner Wanderung begegnen, und auf Menschen zuzugehen, wie es auch sein geliebter englischer Schriftsteller und Reisende Samuel Butler gemacht hat, «zu Fuss, langsam, von Dorf zu Dorf, von Tal zu Tal: mit so vielen und so langen Zwischenhalten, dass man nicht einmal die Müdigkeit des langen Weges wahrnahm: Raststätten im Schatten der Grotti, lange Gespräche auf den neugierigen kleinen Piazze, lange Schwätzchen sitzend vor der Haustür». Er sprach bewundernd und lebhaft über die «Menschlichkeit» des Tessins in unmenschlichen und schlimmen Zeiten der Menschheitsgeschichte. Bianconi lud dazu ein, «das Land besser von der menschlichen Seite her kennenzulernen, durch seine Leute von damals und heute, die in ihrer Seele abwechslungsreich und ziemlich kompliziert sind, und durch die Zeichen, die jedes Jahrhundert, seit Jahrtausenden, auf der Erde hinterlassen wurden».

Er nahm somit all die alltäglichen, geselligen Orte in Augenschein. Auch die Kunst, die «hohe Kunst» (wie die Malerei des caravaggesken Giovanni Serodine von Ascona, tätig in seiner Heimat und in Rom) sowie die volkstümliche Kunst der Täler und der Tessiner Landschaften, die paläolithischen Höhlen, einst Zuflucht der Hirten, die vorrömischen Gräber, die Ställe mit den steinernen Trockenmauern, die romanischen und die barocken Kirchen, die Friedhöfe voller Eisenkreuze, die Villen aus dem 18. Jahrhundert und die Patrizierhäuser. In der Liebe für die architektonischen Werke des Homo Ticinensis war eine gewisse Sehnsucht zu spüren. Aber in der Notwendigkeit «den Charakter, die Art und Weise oder die schöpferische Begabung unseres Landes, weit entfernt von Einfachheit» zu definieren, in dieser «fast durch eine magische Beschwörung aufgerufene vergangene Erinnerung» gab es auch eine grosse Bewunderung für das Volk der Tessiner, das es oft in extremer Armut geschafft hatte, mit Mässigung und Weisheit sowie mit einer aussergewöhnlichen künstlerischen Fähigkeit die Orte zu errichten, die es ausgewählt hatte, um dort leben zu können, und welche von einer nicht immer freundlichen, eher oft feindlich gesinnten Natur umgeben waren. Unvermeidlich jedoch sind, vor allem in den letzten Lebensjahren, seine Unzufriedenheit, seine Proteste und seine harsche Kritik an die Welt, die sich wegen des wirtschaftlichen Aufschwungs und dessen verheerenden Folgen auf die Natur und Gesellschaft rasch veränderte.

Eine öffentliche Anklage (wie in Blick aufs Tessin, 1978) erhebt Bianconi gegen die Bauspekulanten, gegen die Wasserkraftwerksprojekte, die die seit Jahrtausenden unberührte Alpenlandschaft verunstalten, gegen eine immer grösser werdende Germanisierung, die dem kleinen, italofonen Kanton Angst einjagt, gegen die Tourismuspolitik der «Sonnenstube», der «*boccalini*» und der «*zocco-*

lette», die an Stelle des authentischen Tessins ein «herkömmliches Tessin», «oberflächlich», «vulgär» setze, ein Tessin, das sehr verschieden war vom historischen und authentischen, das den Schriftsteller tatsächlich interessierte.

Aus diesem Besinnen auf sich selbst heraus entsteht einer der schönsten und elegantesten Romane der schweizerisch-italienischen Literatur (und vielleicht auch darüber hinaus) des 20. Jahrhunderts, nämlich Der Stammbaum. Es ist das Werk eines reifen Schriftstellers nunmehr an der Schwelle zum Alter. Ein Autor, der nicht zweifelt, den Titel *Albero genealogico* in die Welt zu setzen, offenbar ein wenig extravagant und mit ein paar Tropfen Ironie. Der Untertitel fügt etwas Prosaisches hinzu: *Cronache di emigranti* (wörtlich: «Chroniken von Emigranten»). In der Tat sind dies die Geschichten zweier Familien: der Rusconi (mütterliche Linie) und der Bianconi (väterliche Linie), die von den Lebensumständen genötigt wurden, sich fast immer mit dem zufrieden zu geben, was ihnen das Leben zuteil werden liess, wie Machiavelli sagte: Wenn die Beilage fehlt, dann bleiben «pane e coltello» («Brot und Messer»).

Den Ursprung hat der Roman in einer unerwarteten Entdeckung in den Fünfzigerjahren des zwanzigsten Jahrhunderts. Auf einer Terrasse beim Haus der Rusconi in Mergoscia findet jemand ein bisschen zufällig, da er nicht vor Regen und Mäuse geschützt war, einen «Schrein mit alten Papieren. Es waren notariell beglaubigte Dokumente, Verträge, Empfangsbestätigungen, aber vor allem Briefe, viele Briefe aus Australien und Amerika. Die

Briefe der Auswanderer und oft sogar auch die Briefe von zu Hause, die der Ausgewanderte ehrfürchtig zurückgebracht hatte, als er heimkehrte. Kurz, ein ganzes Familienarchiv.»

Kurz danach beginnen in den Sechzigerjahren die Arbeiten am Bau des Staudamms im unteren Verzascatal, der ein Verzascadorf und dessen jahrhundertealte Geschichte teilweise überfluten und somit alle Spuren der Anwesenheit von Menschen beseitigen wird. Somit ist Der Stammbaum das Ergebnis eines Wettstreites von «Ereignissen»: das Herannahen des 70. Geburtstages des Autors, der das Bedürfnis verspürt, zurückzublicken, sowie den «Drang» nach einer introspektiven Prüfung einerseits und die zunehmend belastende Ahnung, nirgendwohin zu gehören, sich nicht mit einem bestimmten Ort identifizieren zu können, keine sentimentale Wiege zu haben, matlòsa, zu sein, heimatlos. («Es gibt nirgends ein Dorf, das ich mein nennen kann: weder Minusio, wo ich geboren und aufgewachsen bin, noch Mergoscia, wo meine Eltern herstammen.»)

Aber auch anderes wirkt mit: Einer seiner Söhne ist inzwischen ebenfalls nach Amerika ausgewandert, die lokalen Historiker widmen der Tessiner Auswanderung neuerdings grosse Aufmerksamkeit – Bianconi selbst hat Geschichten des Architekten Francesco Borromini und des Malers Giovanni Antonio Vanoni erzählt –, und schliesslich ist die Schweiz inzwischen selbst ein Einwanderungsland geworden und kämpft mit fremdenfeindlicher Intoleranz. Auch die ersten ökologischen Widerstände gegen «die gnadenlose Hand des Menschen, die den Dingen Gewalt antut», gegen die wilde Ausbeutung und den Verkauf der alpinen Gewässer durch skrupellose politischen Lobbys, den Verzascadamm, der mit seiner riesigen «hellen Mauer» und dem dazugehörigen Stausee wie in einem apokalyptischen Szenario «eine Welt undenklicher, namenloser Mühsal» für immer überschwemmt. Dies alles bildet den Hintergrund von *Albero genealogico,* und diese Zivilisation, die immer mehr der Orte, Landschaften, der Dinge und Menschen beraubt wird, die eigentlich ihre Existenz ausmachen, kann nun endlich überdacht werden.

Die beiden Zitate von Montaigne und Proust, die am Anfang des Romans stehen – obwohl man hier über das Wort «Roman» diskutieren könnte (in der italienischen Literaturgeschichte ist der Diskurs über die Beziehung zwischen «Geschichte» und «Erfindung» sehr alt und sehr berühmt) –, sind wichtige Lektüreschlüssel des Textes. Auf der einen Seite gibt es die «Chroniken von Emigranten» (die in der deutschen Fassung zur «Chronik einer Tessiner Familie» wird), die sich auf Familienaufzeichnungen, auf Geschichten einer Pyramide von bekannten und unbekannten Verwandten stützen.

Die wichtigste Figur in *Der Stammbaum* ist sicherlich die des Grossvaters (mütterlicherseits) des Autors: Der schroffe Giacomo Rusconi, Barbarossa genannt, der zwischen 1867 und 1874 nach Amerika ausgewandert ist. Vier von sieben Kindern – Battista, Giuseppe, Gottardo und Angelica – wandern ebenfalls, ohne es je zu bedauern, nach Kalifornien aus («falls man in diesen Ländern sterben sollte, wäre auch hier reichlich Erde vorhanden», schreibt einer von ihnen). Auch der Vater des Schriftstellers ist unter ihnen, Alessandro Bianconi, der achtzehn Jahre seines Lebens bei den Pueblos in Mexiko und in den Wüsten und Grassteppen Arizonas verbringt, wohin auch seine Brüder Giovanni und Innocente ziehen werden.

Sie sprechen nie über das Leben in Amerika, die Emigranten, die nach Hause zurückkehren, sodass der Schriftsteller sogar behauptet, nicht genau zu wissen, wo sein Vater gewesen ist und was er genau gemacht hat. Nur manchmal werden Wörter auf Englisch oder Spanisch benutzt («goddam», «sanababicc», d. h. «son of a bitch», «burrito») und für Feste werden «corn and bread», «tortilla» oder ein Getränk mit dem komischen Namen «Tom and Jerry» auf den Tisch gestellt. Täglich wird der Schriftsteller in seinem Haus (die «Casa Los Angeles» in Minusio) an die Geschichte seiner Vorfahren erinnert durch einige Fetischobjekte wie die kleine Raspel der Kaminfeger, die Bianconi auf seinen Schreibtisch gelegt hat, ein Cowboystiefel, einige seltene und wertvolle Überseefotografien und eine gebundene Ausgabe sämtlicher Werke von Byron. Und natürlich durch die Briefe, nachdem sie gefunden worden sind. Damit stillt der Autor die dringende Notwendigkeit, wie Montaigne: «*D'ouir ainsi quelqu'un qui me recitast les meurs, le visage, la contenance, les parolles communes et les fortunes de mes ancestres!*»

Aber das ist nicht genug, Bianconis Geschichte ist auch eine innere «Recherche». Indem er in den «geheimen Aufschichtungen» der eigenen familiären Vergangenheit, in seiner «moralischen Geologie» gräbt, will der Schriftsteller sich selbst begreifen. Er ist ein Querkopf, er ist skeptisch und fatalistisch zugleich. Er will seinen

Charakter, der auf mysteriöse Weise aus Güte und Bosheit gemacht ist, aus Kälte und Wärme, durchforschen, will versuchen, die Entstehung seiner «erdrückenden Last» zu finden, die ihn quält und deren Grund er nicht versteht. Vielleicht beruht sie auf einer «Ahnenmüdigkeit». Er will versuchen, das Gefühl der Ausgrenzung (von der Vergangenheit und von der Gegenwart) zu erklären, ein Gefühl, das ihm zeigt, dass er zu keiner Welt gehört, weder zu einer gegenwärtigen noch zu einer vergangenen. Dabei ist er überzeugt, dass das menschliche Leben aus Zyklen besteht (so Proust: «*Dans toute la durée du temps de grandes lames de fond soulèvent, des profondeurs des âges, les mêmes colères, les mêmes tristesses, les mêmes bravoures, les mêmes manies à travers les générations superposées*»).

Der Schreiber des *Stammbaums* möchte sich selbst erkennen und den tiefsten Sinn seiner eigenen Widersprüche und seines radikalen Pessimismus, der ihn stets begleitet und der sein Leben nährt, kennenlernen. Nachdem er anhand der Dokumente seine Familiengeschichte erzählt hat, nachdem er die Briefe gelesen und die Seelen seiner Vorfahren und seine eigene Seele gründlich analysiert hat, ist das Ergebnis für ihn trostlos und düster zugleich. Er greift deshalb auf Benjamin Constant zurück, damit dieser für ihn sprechen kann: «*Les circonstances sont bien peu de chose, le caractère est tout.*» Man kann nichts dagegen tun, dies ist der Punkt, an den Bianconi gelangt, «man könne nicht gegen das Verhängnis des eigenen Charakters angehen». Darüber hinaus, so schliesst dieses wunderbare Buch, *Der Stammbaum*, brauche man sich keine Illusionen zu machen: Jeder auf der Erde trage sein eigenes Kreuz, egal ob dieses aus Kastanien- oder aus Kirschholz gemacht sei; jeder habe seinen eigenen schwierigen Weg, der in den meisten Fällen ansteige und – wie in vielen Geschichten der Auswanderer – aus Tragödien und Leid gemacht ist. «Eine freigebige Hand», so Bianconi, «misst jedem Leid zu, der auf dieser Welt atmet». Jedem, ob ganz oben oder weit unten in der Pyramide der Zeit.

Deutsche Übersetzung von Domenica Catino

Albero genealogico von Piero Bianconi wurde 1969 vom Verlag Pantarei Lugano veröffentlicht; später, im Jahr 1977 vom Verlag Dadò Locarno; und im Jahr 2009, immer noch bei Dadò, von Renato Martinoni, mit Fussnoten und einem philologischen Apparat versehen, herausgegeben. Auf Deutsch, übersetzt von Hannelise Hinderberger, im Werner Classen Verlag (1971/ab 2002 im Limmat Verlag) und dann bei Suhrkamp (1990) erschienen; in Französisch (*L'arbre généalogique*, traduction de l'Italien et notes de Christian Viredaz) bei L'Aire – Collection CH (Lausanne, 1989). Für einen Überblick seiner Biographie und seiner Werke siehe: Piero Bianconi, *Antologia di scritti*, herausgegeben von Renato Martinoni und Sabina Geiser Foglia, Locarno, Dadò, 2001.